FREMDEN
ZIMMER

Sayeda-Zeinab-Schrein in Damaskus

Hauptplatz vor der Umayyaden-Moschee in Damaskus

Umayyaden-Moschee in Aleppo

Altstadt von Aleppo

Zitadelle von Aleppo (UNESCO Weltkulturerbe)

WILHELM CHRISTOPH WARNING

FREMDEN
ZIMMER

16 junge Männer
aus Syrien und ihre Geschichten

mit Fotos von Enno Kapitza

SIEVEKING
VERLAG

WIE AUS FREMDEN
FREUNDE
WURDEN

VORWORT VON
WILHELM CHRISTOPH WARNING

In unserem oberbayerischen Dorf hatte es sich längst herum-
gesprochen: »Die Flüchtlinge« kommen, oben, in die ehemalige
Pension. Dort hatten seit den 1950er-Jahren Sommergäste ihre
Ferientage verbracht, seit Monaten stand sie schon leer. Die Besitzer
hatten aufgegeben. Es kam kaum noch jemand, denn die zehn Fremdenzimmer waren so altmodisch wie die Wörter »Fremdenzimmer«
und »Sommerfrische«, die so gut zu dem einstigen Bauernhof passten,
mit seinem Gästetrakt und der Gaststätte, von deren Sonnenterrasse
man einen märchenhaften Blick über Wiesen und Wälder auf das
Bergpanorama der Voralpen hat.

Mitte Dezember 2015 zogen sie ein, die ganz anderen Fremden. Sie kamen mit kleinem Gepäck an mehreren nebelverhangenen Tagen nacheinander an, stiegen aus dem Bus und liefen zu Fuß hinauf zu der ehemaligen Pension. 16 junge Männer aus allen Teilen Syriens, der jüngste 19, der älteste 39 Jahre alt, vom Bundesamt für Migration und Flüchtlinge in die Pension einquartiert. Hier erst lernten sie sich kennen und lernten wir sie kennen, meine Frau und ich, als wir mit einem Teller Weihnachtsplätzchen wenig später die paar Schritte von unserem Haus nach oben gingen. Wir wollten die geflüchteten Fremden als neue Nachbarn begrüßen, sie kennenlernen, uns vertraut mit ihnen machen. Ein strahlendes »*Welcome!*« war das Erste, was wir hörten, und »*Please, sit!*«, nachdem wir in den Gemeinschaftsraum der Unterkunft gebeten worden waren. Nicht mehr als eine Stube, spärlich möbliert: ein Tisch, acht Stühle, an der Wand ein stets eingeschalteter Fernseher mit arabischen Nachrichten. Man reichte uns Kaffee, nicht Tee. Die erste von vielen kleineren und größeren Lektionen, die wir zu lernen hatten: Nicht in allen arabischen Ländern trinkt man, wie wir dachten, nur Tee, oder Chai, wie sie sagen, vielmehr ist es üblich, Gästen den kostbaren Kaffee schwarz und ungesüßt zur Begrüßung zu reichen. Darüber sprachen wir mit Salem, der rasch hinzugezogen worden war, wegen seiner Englischkenntnisse, die er zum Übersetzen nutzte, und weil er als Ältester der vom Amt zusammengewürfelten Männergruppe die größte Autorität und das höchste Ansehen hat. In Syrien sei das so. Salem hatte von Anfang an die Verantwortung übernommen für das Zusammenleben an dem neuen Ort. Als einstiger Geschäftsführer einer Textilfabrik organisierte er die Abläufe: wer mit wem in welchem Zimmer schlafen sollte, die Einkaufsfahrten, das Kochen in Gruppen und Essen in Schichten, die Putzdienste. Selbst Spannungen oder Streitigkeiten schlichtete er. Was eben nötig ist beim Zusammenleben einander fremder Menschen in einem fremden Land auf engstem Raum. »Fremdenzimmer« im wahrsten Sinne des Wortes. Später half er mir bei vielen Gesprächen mit den Bewohnern, indem er auf Arabisch erklärte, dass ich in diesem Buch jeden Einzelnen aus der Gruppe vorstellen wolle, damit man sie nicht mehr pauschal als »Flüchtlinge« oder »Fremde« wahrnehmen, sondern jeden als Individuum, mit seinen je eigenen Erfahrungen und Erinnerungen kennenlernen würde.

16 Porträts und viele weitere Lektionen. Dass zum Beispiel der Mensch, der mir gegenübersitzt, auf dem heimischen Sofa oder irgendwo draußen auf einer Wiese oder an eine warme Hauswand gelehnt, zunächst lakonisch, geradezu ausweichend antwortet. Die Angst, er könne sich oder Verwandte in Syrien in Gefahr bringen, ist allgegenwärtig. Später las ich, welch unheimliche Macht Assads Geheimdienst hat und wie gefürchtet die Schergen nicht nur des Diktators sind, selbst in der scheinbaren Sicherheit deutscher Fremdenzimmer: Entführung und Erpressung gehören zum Alltag im Bürgerkriegsland. Selbstverständlich sagte ich zu, Namen zu verändern, Orte nicht zu nennen, Gehörtes zu verschweigen und Nichtgehörtes zu akzeptieren. Manches bleibt daher verschwommen, so wie auch der Fotograf des Bandes, Enno Kapitza, einige seiner berührenden Porträts im Ungefähren lässt, andere unscharf zeigt und manche Männer auf den Bildern ihre Gesichter verbergen.

Aber es war nicht nur die Angst, die eine angemessene Sensibilität im Fragen und Schreiben verlangte. Auch extreme Erlebnisse im Krieg und während der Flucht erfordern mitfühlende Distanz. Alle 16 Männer sind traumatisiert, innerlich verwundet, zum Teil schwer. Bei jedem zeigte sich das anders: in Tränen, irritiertem Lachen, im Vergessen, Verschweigen, in übersachlichen Berichten, vorgetragen mit äußerlicher Regungslosigkeit oder in nicht abreißendem Redefluss. Manche sprangen auf, gestikulierten, rannten umher, mischten deutsche, arabische und englische Sätze oder saßen unbeweglich, redeten monoton, andere drehten sich weg, verstummten plötzlich und starrten ins Nichts. Wie weit darf man da eindringen? Diese Menschen haben sich mir, einem Fremden, geöffnet, jeder auf seine Weise, mal mehr, mal weniger. Sie haben mir tiefes Vertrauen entgegengebracht. Das zu respektieren gebietet die Achtung vor der Würde jedes Einzelnen, auch wenn manches in den Erzählungen der Menschen Fragen aufwirft. Ich lasse sie, wo es mir nötig scheint, unbeantwortet. Wie ich auch

keine näheren Auskünfte wollte zu den Fotos und Videos des Grauens und der Zerstörung, die immer und immer wieder auf den Smartphones durchgescrollt und angesehen werden. Allenfalls vorsichtiges, anteilnehmendes Erkundigen war möglich, wenn der Betreffende nicht von sich aus etwas erklären wollte.

Zuweilen haben wir uns im Gespräch aber auch ganz einfach in den verschiedenen Sprachebenen und Mentalitäten verheddert und verloren. *»Lost in Translation«*. Manche Begriffe haben zum Beispiel im Arabischen viele unterschiedliche Bedeutungen, und nicht immer ließ sich das treffende Wort über das Englische ins Deutsche übertragen. So stellen wir uns zum Beispiel unter *»village«* ein Dorf vor. Wie erstaunt war ich, als ich später, im Internet nach Fotos eines bestimmten *»village«* suchend, entdeckte, dass sich das vermeintliche Dorf als größere Stadt entpuppte, so groß wie Eisenach, Goslar, Dachau oder Pinneberg. Oder ich bemerkte, dass ein »Nein« bei meinen syrischen Gesprächspartnern in manchen Fällen offenbar als unhöflich gilt. So sagen sie »Ja«, zeigen aber mit Gesten, dass ein »Nein« die richtige Antwort wäre. Auch eine der vielen Lektionen, die sich jenseits der Gespräche für dieses Buch durch das intensive und oft herzliche Miteinander ergaben.

Für all diese Erfahrungen bin ich dankbar. Vor allem aber für die Gastfreundschaft, Herzlichkeit und Wärme, mit der diese 16 Menschen uns, meine Frau und mich wie auch andere aus dem Dorf, empfangen und in ihren Kreis aufgenommen haben. Aus den Fremdenzimmern wurden Freundeszimmer.

AHMAD & NIZAR

WARUM KRIEG?

ALTER: 30 JAHRE (AHMAD), 29 JAHRE (NIZAR)

FLUCHTROUTE: HOMS — LIBANON (AHMAD) — TÜRKEI — SAMOS (GRIECHENLAND) — BALKANROUTE

BERUF: AUSBILDUNG ZUM WIRTSCHAFTSFACHMANN (AHMAD), JURIST (NIZAR)

Ahmad ruft schon von Weitem, »Willkommen!«, und lacht. »Ja, bitte kommen!«, begleitet von einer einladenden Hand-bewegung. Nizar, sein Bruder, strahlt und ergänzt: *»Please come.«* Die beiden Brüder gehen auf die Menschen zu, auch auf die, die ihnen fremd sind. Meist treten sie gemeinsam auf. Ahmad, der Schlankere, war geradezu hager, als er in Deutschland ankam. In den ersten Monaten im Fremdenzimmer wurde er noch dünner und hohl-äugiger. Was niemand wusste: Er zitterte um seinen Bruder. Nizar war noch unterwegs auf seinem Treck nach Deutschland, er war später aufgebrochen.

Die Wörter »Flucht« oder »Flüchtling« vermeiden die Bewohner der ehemaligen Pension. Sie fühlen sich dadurch abgestempelt, eingeordnet. »Wir sind Syrer«, erklären sie deutschen Besuchern. Sie kommen aus allen Regionen des Landes. »Afrika ist für uns so weit weg wie für euch. Und mit Afghanistan oder Pakistan verbindet uns nicht einmal die Sprache.« Und dann verweisen sie stolz darauf, dass man in Syrien auch Aramäisch spreche – die Sprache Jesu oder, wie sie sagen, »des Propheten Isa«. Und dass sie die ältesten Kirchen und Klöster des Christentums hätten und Paulus in Damaskus gelebt hätte.

»Paulus! Damaskus!«, sagt Ahmad auf seine intensive Art und lenkt das Gespräch auf das berühmte Erleuchtungs- und Wandlungserlebnis vor der Stadt, das in der Apostelgeschichte der Bibel beschrieben ist. Das Licht Gottes und die Erscheinung Jesu ließen aus Saulus, dem Christenverfolger, Paulus, den Apostel, werden. »Damaskus, ja!«, sagt Ahmad und lacht. »Große Kirchen! Meine Stadt! Ich und mein Bruder Nizar hier geboren. Vor 30 Jahren. In Damaskus.«

Die syrische Hauptstadt ist vor allem die Stadt ihrer Geburt. Ihre Eltern fanden hier Arbeit und zogen von Hamah in die Metropole. Der Vater war Ingenieur in der Zentrale des staatlichen Energieversorgers, zuständig für die Stromversorgung. Die Mutter arbeitete als Lehrerin

an einer Schule. Doppelverdiener. Das gibt es nicht so oft in Syrien. *»Syria is modern«*, erklärt Nizar. Hamah allerdings gilt als sehr konservativ. Da ist es schon etwas Besonderes, wenn die Eltern nicht dem traditionellen Familienmodell folgen. Denn Hamah, nördlich von Damaskus, auf dem halben Weg nach Aleppo gelegen, war einst Zentrum des religiös-islamisch motivierten Widerstands gegen die Baath-Partei und das Assad-Regime, Anfang der 1980er-Jahre, als Hafis al-Assad, der Vater von Baschar al-Assad, das Land mit eiserner Hand beherrschte. Er ließ Hamah 1982 kurzerhand bombardieren. Rund 30 000 Menschen sollen dabei getötet worden sein. Die historische Altstadt wurde schwer beschädigt. Das erwähnt das Brüderpaar nicht. Vielleicht weil es gefährlich war, in Syrien über diese Schandtat zu sprechen. Man konnte im Gefängnis landen. Stattdessen erzählen Ahmad und Nizar von Homs, einer Millionenstadt zwischen Hamah und Damaskus. Dort hatte die Familie irgendwann ein Haus gekauft, um den Großeltern und der Großfamilie in Hamah näher zu sein. Nichts Pompöses, »normal, nicht reich«, wie sie sagen. Aber immerhin etwas Eigenes. Später zogen die Eltern ganz nach Homs. Da waren die Großeltern aber schon gestorben. An die beiden können sich Ahmad und Nizar nur noch dunkel erinnern. Geblieben sind Fotos und die Erzählungen der Eltern und die inneren Bilder von weinenden Menschen auf dem Friedhof. »Ja, ein Abschied. Die Familie sehr traurig. Aber wir noch klein«, sagt Ahmad.

Viele Jahre später kam ein weiterer bitterer Abschied dazu: der Vater. Er starb 2014 nach langer Leidenszeit an Krebs. Zu früh, sagen die beiden Brüder. Und dass der Krieg seinen Tod beschleunigt habe, weil er verzweifelt war. Alles, was er aufgebaut hatte, lag in Trümmern.

Die Mutter lebt noch immer in Homs. »Mein Gott, die Mutter«, sagt Ahmad. *»We love her too much«*, echot Nizar. Sie sorgen sich ständig, rufen dauernd in Homs an. *»Alḥamdulillah*, sie lebt!« Gott sei Dank, sie lebt. In einem Viertel, das noch einigermaßen intakt ist. Ein Wunder, denn die meisten Gebäude in Homs sind in Schutt und Asche gebombt worden. Zum Glück ist sie nicht allein, was in der syrischen Gesellschaft auch ungewöhnlich wäre: Verwandte, die neben ihr wohnen, sind bei ihr.

»Unsere Familie«, sagt Ahmad. »Aber Kinder nicht mehr in Syrien. Alle in Deutschland.« Die Schwester mit ihrer Familie wohnt in Trier,

ein Bruder ist in Stuttgart untergekommen und sie beide in der ehemaligen Pension in Oberbayern. Die Mutter, die das Haus in Homs
nicht verlassen will, hatte die Kinder immer wieder unter Tränen be-
schworen zu fliehen.

Tatsächlich wurde es irgendwann zu gefährlich für die jungen Männer. Nicht nur wegen der Bomben auf Homs und der andauernden
Kämpfe. Die Stadt gleicht heute in weiten Teilen einer apokalyptischen
Ruinenlandschaft. Die Brüder hatten Angst, dass man sie zum Kämpfen zwingen würde. Einer hätte sie bestimmt geholt, das Militär oder
der »Islamische Staat«, den sie »Daesch« nennen. Sie wären sofort erschossen worden, falls sie sich geweigert hätten. Davon sind sie über-
zeugt. Sie standen, wie viele ihrer Generation, zwischen allen Fronten.
So haben sie sich entschlossen zu gehen, ihr Land zu verlassen und
damit alles, was ihnen lieb und teuer ist.

Die Flucht nach Deutschland – auch sie gehört jetzt zu ihrer Bio-
grafie. Ahmad erzählt ausdrucksstark, er spielt den Schrecken vor, den
er erlebt hat. Man kann körperlich spüren, wie die Erinnerung an das
Gesehene alle anderen Erlebnisse überlagert, ihn bedrängt, seinen
Ausdruck bestimmt. Nizar fällt mit ein. Beide suchen nach Worten,
Englisch mischt sich mit Deutsch und Arabisch, sie unterstreichen mit
Gesten das Erzählte. Eine eigenartige Mischung aus Suchen, Zögern,
Herausdrängen zwischen Stocken und Wortfluss, voller Dynamik.
Ahmad machte sich zuerst auf den Weg. »Schwierig, sehr schwierig«,
sagt er. Allerdings ist es Nizar, der zu erzählen beginnt, von verborgenen Wegen, auf denen er sich von Homs aus nach Norden durchschlägt. Hunderte von Kilometer. Erst kommt er nach Aleppo, dann
reist er weiter in östlicher Richtung nach al-Hasaka im kurdischen
Machtgebiet. Dort trifft er seine Schwester mit ihrem Ehemann. Sie
beschließen, gemeinsam die Flucht zu wagen. Ein gefährliches Unternehmen, besonders im Dezember, wegen der Kälte und des Regens,
vor allem aber wegen der Stürme in der Ägäis. Einen Monat lang versuchen sie immer wieder, in die Türkei zu kommen, doch die Grenze
ist blockiert, weil inzwischen der türkisch-kurdische Konflikt zum
Krieg eskaliert ist. Sie übernachten nahe der Grenze zur Türkei in einem Zelt, versteckt irgendwo in der Landschaft, aber sie finden kein
Schlupfloch und kehren erschöpft in die Stadt zurück, um sich etwas
zu erholen und erneut die Flucht in das Nachbarland zu versuchen.

Schließlich gelingt es ihnen, eine Lücke in der Bewachung zu finden und ungesehen von Polizisten oder Soldaten die Grenze zu überqueren. Fremde, die sie um Hilfe bitten, bringen sie zum Busbahnhof. Irgendwann erreichen sie Istanbul, wo ein Verwandter lebt. Die weitverzweigte Familie, ihr Klan, hält zusammen. Jemand erklärt ihnen, von wo aus sie über das Meer eine der griechischen Inseln erreichen können. Also kratzen sie ihr letztes Geld zusammen, leihen sich den Rest von ihrem Verwandten und folgen den Anweisungen eines Schleppers, der sie zum Treffpunkt am Strand bringt. Viermal versucht ihr Boot abzulegen, aber immer wieder taucht die türkische Polizei auf. Sie werden gestoppt und eindringlich gewarnt, die Überfahrt sei zu gefährlich im Winter. Um Mitternacht fahren sie trotzdem los. Nach sechs nasskalten Stunden auf See landen sie im ersten, fahlen Morgengrauen an einem Strand: Sie haben die Insel Samos erreicht, sind in Europa.

Ahmad, Wochen vor seinem Bruder geflohen, war zu diesem Zeitpunkt bereits in München in einem der großen Aufnahmelager. Dort hatte er die Flucht seines Bruders am Smartphone mitverfolgt, hatte immer wieder mit ihm telefoniert, geplagt von der furchtbaren Angst um seine Geschwister und seinen Schwager. Parallel rief die weinende Mutter immer wieder aus Syrien bei Ahmad an, um zu fragen, wie es stehe um ihre Kinder. Alle waren aufgeregt und die Spannung kaum auszuhalten, besonders als das Boot mit Nizar und der Schwester und ihrem Ehemann von der Polizei gestoppt wurde. Als Ahmad das erzählt, gestikuliert er, springt auf, hält sich einen imaginären Hörer an das Ohr, ruft: »Was machst du, was machst du! Polizei! Türkei!« Plötzlich sind diese Ereignisse Gegenwart, inmitten der friedlichen ländlichen Umgebung, in der die beiden Brüder sitzen, während sie erzählen.

Nizar unterbricht seinen Bruder und schildert das Ende der Flucht in wohlgesetzten englischen Worten aus seiner Sicht: »Als wir die Insel erreichten, waren wir alle völlig erschöpft. Wir litten, und es war bitterkalt. Zum Glück kamen wir in einem Lager unter, für zwei Tage, eine Erholung geradezu, und wurden dann mit einem Schiff in eine große Stadt auf dem griechischen Festland gebracht.« Mit dem Zug und in Bussen erreichen die Geschwister und der Schwager schließlich über die Balkanroute Deutschland.

»Europa. Deutschland. Ein großer Einschnitt«, sagt Nizar. Das ist das Stichwort für Ahmad, seinen Faden der Geschichte wieder aufzugreifen. »Mein Leben«, sagt er jetzt auf Deutsch, »ja, alles anders mit dem Krieg.« Und wieder steht er erregt auf, gestikuliert: »Wir in Homs mit Mutter. Hören bumm-bumm-bumm. Ist Krieg. Am Morgen Erschossener. Direkt auf der Straße vor unserem Haus. Oh mein Gott. Warum, warum? Ich weiß nicht. Vielleicht in der Nacht erschossen. Für was? Vielleicht für Geld. *Killed*.« Dann ahmt er noch einmal die Schussgeräusche nach, nimmt das imaginäre Gewehr hoch, legt an, kneift ein Auge zu und bewegt den Finger am Abzug. »Tjuff-tjuff. Blut auf der Straße. Ich nicht helfen können. Nicht rausgehen. Keine Ambulanz. In Homs, in Homs, und liegt *killed* auf der Straße. Nacht bis Morgen.« Er schüttelt den Kopf und setzt sich wieder. Einen Moment herrscht Stille.

Dann erzählt er von dem weißen BMW der Familie, dem letzten Geschenk seines verstorbenen Vaters, einer luxuriösen Liebesgabe für die Kinder. »Sehr, sehr teuer in *Syria*«, sagt Ahmad, »70 000 Dollar«, dieser weiße BMW mit den Lederpolstern. »Kaputt!«, sagt Nizar, »*Aeroplanes!*« Flugzeuge nahmen den Wagen ins Visier, und das kostbare Geschenk ging in Flammen auf. Kostbar auch, weil es eine Erinnerung an den

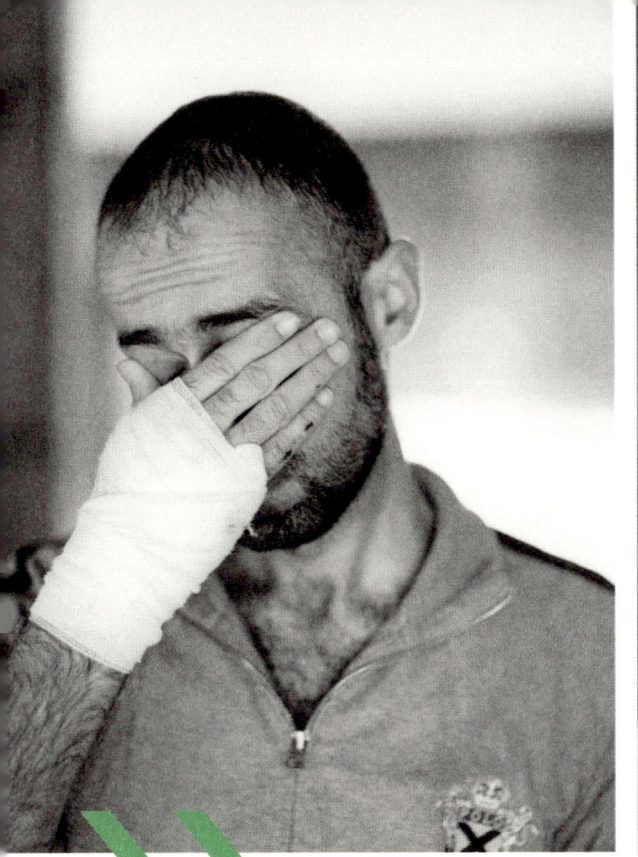

Warum Krieg?«,
fragt er immer wieder.
Und: »Warum *killed*?

Vater war. Sie verehren diesen Vater, vielleicht auch deshalb, weil er
für ein Leben vor dem Krieg stand. Engelsgleich wird er geschildert. Er
habe den Kindern alle Wünsche von den Lippen abgelesen, ihnen ein
sorgenfreies Leben ermöglicht und sie zur Universität geschickt. Als
sie noch klein waren, spielte er mit ihnen, machte Späße und fuhr mit
allen zum Picknick. Dafür, sagen die Brüder, habe er ihnen auch den
BMW geschenkt, um gemeinsam etwas zu unternehmen, das Leben
zu genießen. Geblieben sind ein ausgebranntes Wrack und die Fotos
auf dem Smartphone.

»Wie mein ganzes Leben«, sagt Ahmad, »nur Bilder.«

»Vorbei«, sagt sein Bruder Nizar, der Jura studierte und gerade als Rechtsanwalt beginnen wollte, und Ahmad echot: »Vorbei mit Ökonomie.« Seine Ausbildung als Wirtschaftsfachmann musste er schon in Syrien abbrechen, um die Mutter zu unterstützen. »Warum Krieg?«, fragt er immer wieder. Und: »Warum *killed*?«

Fragen ohne Antworten. Im Namen Allahs, des Erbarmers, des Barmherzigen, wie die ersten Worte des Korans und jeder Sure lauten. *Bismillah irrahman irrahim.* Ob sie an Gottes Barmherzigkeit zweifelten? Beide schütteln den Kopf. Gott, sagen sie, weiß das alles, und er hilft, er beschützt sie. Ahmad erzählt, er sei mehrmals auf der Straße beschossen worden. Nie habe ihn eine Kugel getroffen. Obwohl er die Einschläge in den Hauswänden hinter sich gehört und den wegspritzenden Verputz gespürt habe. »Allah ist mit uns.« Und er zeigt mit den Händen, wie die Kugeln an ihm vorbei in der Wand eingeschlagen sind. Nizar fügt hinzu, er sei ganz sicher, dass Gott ihn und die anderen auf der nächtlichen Überfahrt beschützt habe. Allah sei nicht verantwortlich zu machen für all die Mörder, Terroristen und Verbrecher, wie das Assad-Regime oder Daesch und all die anderen.

Ahmad fällt ihm ins Wort und erzählt, wie er über den Libanon in die Türkei floh und, Wochen vor seinem Bruder, nach Samos übersetzte. Die Überfahrt im Schlauchboot wird zur traumatischen Erfahrung. In dunkler, sternloser Nacht gleiten sie in das schwarze Wasser. Wellen schlagen gegen das Boot. 70 Personen sitzen dicht gedrängt. Die Kinder weinen. Ahmad wird seekrank. Plötzlich hören sie den Motor eines Polizeibootes. Der Lichtkegel des Suchscheinwerfers tastet sich durch die Dunkelheit, gleitet über das Wasser. Wird er sie erfassen? Der Außenbordmotor wird abgestellt. Mütter halten ihren weinenden Kindern die Münder zu, und die Männer paddeln vorsichtig mit den Armen im eiskalten Wasser, um das Boot lautlos auf Kurs zu halten. Ahmad ahmt das Paddeln nach. Irgendwann dreht das Polizeiboot ab, und sie erreichen Samos.

»Ein zweites Leben«, sagt Ahmad. Und Nizar unterstreicht noch einmal, wie schön das erste Leben war. Er erzählt von ihrer Schulzeit und seinem Studium an den Universitäten in Damaskus und Aleppo. »Alles war normal. Mein Bruder studierte, wie ich. Wir hofften auf ein erfülltes Leben, gingen zum Tanzen oder ins Café.« Der Ort in Syrien,

an dem man sitzt, die Zeit verstreichen lässt, mit Freunden spricht oder diskutiert und bei einem ungesüßten arabischen Kaffee das Leben genießt. Oder, wie Ahmad, auch mal einen Wodka trinkt. Verlorene Vorkriegszeiten. Damals verabredete man sich nachts um zehn im größten Café von Homs mit allen Freunden. Die Geschwister kamen in ihrem weißen BMW, und man saß draußen, sah dem Treiben auf der Straße zu und hörte dazu die Klassiker der berühmten ägyptischen Sängerin Oum Kalthoum oder die Lieder der großen alten Dame aus dem Libanon, Madame Fairuz.

Die Kindheit, die Jugend, die Zeit als Studenten, die Picknicks mit der Familie, die Feste, die Orte der Kindheit mit all ihren Spielen, das alte, vertraute Syrien, die Geschichte und Geschichten mit dem Land, seinen Menschen: All das existiert nicht mehr. Ist für sie gestorben. Nie mehr zurückholbar. Alles, was bleibt, sind die Erinnerungen, die sich im Laufe der Zeit verändern, vielleicht auch verblassen.

Kehren sie je nach Syrien zurück? Die beiden zucken mit den Achseln: Gott allein weiß es. Wenn er es will …

ALTER: 34 JAHRE
FLUCHTROUTE: BALKANROUTE
BERUF: LANDWIRT

Issam fährt mit dem Rad durch die frühlingsgrüne Landschaft. Der Weg führt in großen Bogen an Feldern vorbei leicht bergab hin zum Ufer eines Flusses. Issam, der eher introvertiert wirkt und gerne für sich ist, nimmt Fahrt auf. Er strahlt, lacht, lässt den Lenker los, breitet die Arme aus, öffnet seinen Mund, als würde er alle Luft einatmen wollen, und dann ertönt ein lauter Jauchzer, ein geradezu jubelnder Schrei. Erst weit unten verlangsamt er seine Fahrt, bis er am Fluss zum Stehen kommt. Dort, in der Stille, verharrt er einige Minuten. Man hört nur das gleichmäßige Gluckern und Rauschen des vorbeifließenden Wassers und zuweilen das klatschende Geräusch, wenn anfliegende Enten landen.

Issam liebt den Fluss, der in weiten Bogen durch Wiesen und Felder dahinströmt. Er wurde an einem Fluss geboren, rund 3000 Kilometer südöstlich von hier. An einem der vier Ströme, die dem biblischen Paradies zugeordnet werden: dem Euphrat. Er ist für ihn tatsächlich ein

AM FLUSS ISSAM

Lebensspender: Wie oft hat Issam die Tiere an den
Fluss geführt, um sie zu tränken. Die Kühe mit ihren
Kälbern, die unter hohen Eukalyptusbäumen weiden.
Oder die Schafe, die sich am Schilf an das Wasser
drängen. Issam hat sie schon als Kind dorthin getrie-
ben. Er ist ins Wasser gesprungen, mit anderen Kindern geschwommen, hat im warmen Sand gedöst,
Kaninchen gejagt oder Fische gefangen. Issam ist auf
einem kleinen Hof groß geworden, mit lehmfarbenen
Gebäuden und flachen, überstehenden Dächern, hat
im Schatten der Bäume gesessen und der Mutter zu-
gesehen, wie sie Bohnen putzte oder auf die kleineren Geschwister aufpasste, die beiden Brüder und die
fünf Schwestern. Der Vater war selten da. Er kam immer mal für sechs oder acht Wochen, manchmal
auch für drei Monate, und brachte dann kleine Geschenke für die Kinder mit, Süßigkeiten, Spielzeug,
aus Libyen, Kuwait oder Saudi-Arabien, wo er als
Zimmermann Arbeit gefunden hatte. Was er verdiente, schickte er nach Hause, Goldstücke, die er in Sei-
fen versteckte, mit der Anweisung, man möge sich
vorsichtig waschen, Seife sei kostbar. Issam liebte den
fernen Vater, der dann und wann auch mal mit ihm
zum Fluss hinunterging. Sonst war alles Arbeit, von
klein auf. Tiere füttern, hüten, Ställe ausmisten, Feld-
arbeit, Gemüse wässern. Die Familie musste versorgt
werden. Machte er Dummheiten, gab es von der Mutter einen hinter die Löffel. Issam sagt, einen ähnli-
chen Ausdruck gebe es auch im Arabischen, jedenfalls im Dialekt seiner Region. Man nennt die ganze
Gegend Al Jazira, nach ihrem früheren Namen, als
die Christen dort noch fast ein Viertel der Bevölkerung ausmachten
und mit den Muslimen, Juden, Jesiden und Kurden zusammenlebten.
Früher, vor 50, 60 Jahren. Das weiß Issam von seinen neun Onkeln, den
älteren Brüdern seines Vaters. Ein Bruder seines Großvaters lebt sogar
noch. Er ist 110 Jahre alt und treibt noch Tag für Tag die Schafe auf die
Weide. Kerngesund sei er, sagt Issam und erzählt, dass dieser Großonkel

irgendwann um 1925 in die französische Armee eintrat, die seit fünf
Jahren das Gebiet besetzt hielt, im Interesse des Völkerbunds – angeblich. Aus der Idee eines autonomen syrischen Staats wurde damals
nichts. Erst 1946 wurde Syrien unabhängig, mit willkürlich von den
Kolonialmächten gezogenen Grenzen. Issam schnurrt die französischen Namen der Rangabzeichen innerhalb der Armee herunter und

freut sich über das verdutzte Gesicht seines Gegenübers. Er hat sie von seinem Großonkel gelernt. Damals, das erzähle sein Großonkel noch heute, hätten sich die Menschen in und um Deir ez-Zor sehr gewundert, als sie der ersten schwarzafrikanischen Soldaten ansichtig wurden. Solange man denken konnte, war in dieser Gegend noch nie ein dunkelhäutiger Mensch aufgetaucht, bis die Franzosen kamen. Das soll genauso sensationell gewesen sein wie die ersten Kutschen ohne Pferde, in denen die Soldaten fuhren.

Issam steht an dem von Bäumen gesäumten Fluss in Oberbayern. Der Fluss ist viel kleiner, und dennoch erinnert er ihn an den Euphrat. Er habe sich hier in Deutschland nach seiner Flucht und der Ankunft in dem großen Aufnahmelager in der Großstadt mit ihrem Verkehr kaum zurechtgefunden. Als »verwirrt und verärgert« bezeichnet er seinen anfänglichen Zustand, der erst nach und nach einer inneren Klarheit gewichen sei. Die Ruhe der Gegend, die bäuerliche Nachbarschaft haben ihm Vertrautheit geboten, die Tiergeräusche und die Höfe, die er sehen kann, wenn er aus dem Fenster seines Fremdenzimmers blickt. Aber der Anblick lasse zugleich das Bewusstsein des Verlustes wachsen.

Issams Vater kann als Folge seiner lebenslangen harten körperlichen Arbeit nicht mehr laufen und ist auf Hilfe angewiesen. Issams jüngerer Bruder, der sich lange Zeit um ihn kümmerte, ist vor einiger Zeit etwas besorgen gegangen und nicht mehr zurückgekehrt. Wir liegen, sagt Issam, mitten im Daesch-Gebiet. »Vielleicht ...«, er beendet den Satz nicht. »So Allah will, kommt er eines Tages zurück.« Was jetzt aus seinem Vater wird, weiß er nicht. Die Lage ist unsicher und unübersichtlich. Bricht Daesch zusammen, wird das Assad-Militär die Gegend kontrollieren. »Ich war ja in der Armee, fünf Jahre«, sagt er. Dann setzt er sich auf eine Bank und schweigt.

Vielleicht gehen seine Gedanken zurück in die Kindheit, diese so oft vaterlose Zeit, in der selbst die Schule mit ihren Betonböden die Anmutung einer Kaserne hatte. Die Erziehung war streng. Er und seine Mitschüler trugen militärisch wirkende Schuluniformen. Khaki, mit aufgenähten Taschen, und Schiffchen auf dem Kopf, ganz wie Soldaten. Er war nicht stolz darauf, er fand es unangenehm.

»Im Gleichschritt gehen, Gewehre tragen und sich aufstellen wie beim Militär. Uns Kindern wurde eingeschärft, wir müssten wegen des Erzfeindes Israel immer bereit sein.« Das, sagt Issam, sei üblich in Syrien, bis man 14 ist.

Wir mussten marschieren, üben wie auf einem Kasernenhof.

Issam erinnert sich, wie er und seine Klasse einmal auf eine Gruppe von Franzosen, die für eine Erdölfirma arbeiteten, zugingen. Die Arbeiter sahen die vermeintlichen Soldaten und erschraken. Sie waren drauf und dran, das Weite zu suchen, ehe sie erkannten, wer da kam: Kinder. Statt zu flüchten, blieben sie stehen, lachten und machten Fotos von sich und den uniformierten Kindern. Zuerst, sagt Issam, habe er nicht verstanden, warum die Franzosen so beunruhigt waren. Für ihn schien es selbstverständlich, dass Kinder Uniformen tragen. Jahre später erst wurde ihm bewusst, wie militärisch und aggressiv sie auf die Menschen aus einer zivilen Gesellschaft gewirkt haben mussten, denen Kinder in dieser Aufmachung fremd sind.

Es ist kühl geworden. Issam setzt sich auf sein Fahrrad und radelt zu der ehemaligen Pension zurück, die ihm und den anderen als Zwischenheimat dient. Aber Heimat – hat er noch eine? Mit einem Anflug von Traurigkeit beginnt er, von seiner Zeit in der Armee zu erzählen. Wie sie ihn 2010 einzogen und ausbildeten. Wie er in den Krieg hineingeriet, mit dem er nichts zu schaffen haben wollte. Wie er in Kampfhandlungen verwickelt wurde, auf seine Landsleute schießen musste, ohne sich dagegen wehren zu können. Er sah, wie Söldner und Revolutionsgarden aus dem Iran geholt und bevorzugt wurden. Sah, mit welcher Brutalität sie ... Hier bricht er ab, will nicht weitersprechen.

Nach fünf Jahren hat er sich eines Tages fortgemacht. Er schlich sich heimlich in Zivil davon, mit einem gefälschten Entlassungsschein. Er kannte die Gegend, die verborgenen Pfade bis nach Hause. Er wusste auch, dass er nicht bleiben konnte. Dass sie ihn suchen würden. Fahnenflüchtige stellt man in Syrien an die Wand. So packte er das Nötigste, nahm Abschied von Eltern und Geschwistern, vom Hof und vom Fluss, an dem er noch einmal lange saß, die Lieblingskatze im Schoß. Dann verschwand er im Morgengrauen eines Novembertages, zog die Gartentüre zu und drehte sich nicht mehr um.

Issam geht ins Haus. Zum Schluss sagt er, was ihn, in der Sicherheit seiner neuen Umgebung, in jedem Augenblick quält: »Mein Bruder ist verschwunden. Jetzt ist mein Vater allein. Aber zurück kann ich im Augenblick nicht. Ich liebe meinen Vater. Und wünsche mir, bei ihm zu sein.«

ALAA

DER DOKTOR UND DIE SCHULMAUER

Es ist warm. Die Sonne scheint. Alaa kauert im Gras, hält einen Kater im Arm und fährt zart über das Fell des Tieres, das die Liebkosung schnurrend genießt. Alaa liebt Tiere. Er sagt es nicht, aber zeigt es, wenn man länger mit ihm zusammen ist und sich eine gewisse Vertrautheit eingestellt hat.

Der junge Mann ist zurückhaltend, fast scheu, wirkt auf den ersten Blick zart. Sieht man, wie er sich bewegt, spürt man seine körperliche Präsenz und seine Kraft. Alaa, der Sportler. Der Fußballer. Er trägt den gleichen Namen wie ein Stürmer der syrischen Nationalmannschaft. Und er gehört zu den syrischen Fans des FC Bayern. Alaa verfolgt, wenn möglich, alle Spiele des deutschen Rekordmeisters und war sogar schon in der Münchner Allianz Arena. Das sei, sagt er, schon als Jugendlicher sein Traum gewesen, einmal den FC Bayern spielen zu sehen und die Atmosphäre zu erleben. Aus München hat Alaa dann die deutsche Fahne mitgebracht und sie am Balkon der ehemaligen Ferienpension aufgehängt. Vermutlich, um sich nicht mehr ganz so

ALTER: 26 JAHRE
FLUCHTROUTE: BALKANROUTE
BERUF: STUDENT

fremd zu fühlen, sondern irgendwie dazugehörig, wenigstens in Sachen Fußball. Während der Weltmeisterschaft 2014 hatte er zu Hause in Syrien alle Spiele Deutschlands im Fernsehen verfolgt. Trotz des Krieges. Das waren Momente, an denen das Leid nicht im Vordergrund stand, das seine Seele bis heute verdunkelt. Dafür ist er dankbar. Philipp Lahm, damals Kapitän der deutschen WM-Elf, würde er gerne einmal persönlich kennenlernen. Ohnehin, sagt Alaa, hätte er sich nie träumen lassen, Lahm jemals in einem deutschen Stadion spielen zu sehen.

Ach, seufzt Alaa, wäre er doch nur ein Fußballtourist und in Syrien kein Krieg, dann würde er wieder unbeschwert nach Hause fahren. Dann könnte er nachts gut schlafen und würde nicht, wie seit Wochen, immer wieder schreiend aufwachen. Dann wäre er einfach nur Gast in einem Fremdenzimmer und kein Flüchtling mit Albträumen, und im Gepäck hätte er Neugier und Freude statt Angst und Schrecken.

Fragt man Alaa, was ein Reisender aus Deutschland zu erwarten hätte, wenn er in ein Syrien ohne Bürgerkrieg käme, um ihn, Alaa, zu besuchen, dort unten, ganz im Süden, in seiner Heimat nahe der jordanischen Grenze, beginnt er, ohne zu zögern und mit einem leichten Lächeln, zu erzählen: »Zuerst eine Tasse frisch aufgebrühten arabischen Kaffee, ohne Zucker, zur Begrüßung. So will es die Tradition. Dann gäbe es ein Gastmahl, danach vielleicht ein Schläfchen, je nachdem, wie erschöpft der Besucher ist, und dann würde ich ihn mitnehmen, um ihm unsere Stadt zu zeigen. Wir hatten immer ein offenes Haus, jeder war willkommen. Auch wenn jemand irgendetwas brauchte oder um Hilfe bat, konnte er immer kommen, selbst mitten in der Nacht. Gäste zu bewirten war uns eine Ehre.«

Wahrscheinlich hätte der Besuch so begonnen: Man wird in ein großes Zimmer mit Polstermöbeln gebeten, die ringsum an den Wänden

stehen. Ein Bild mit kunstvoll verschlungenen arabischen Schriftzei-
chen zeigt das »Lailahillallah«: »Es gibt keinen Gott außer Gott«, den
ersten Teil des islamischen Glaubensbekenntnisses. Alaas Vater ist ein
frommer Muslim. In einer Schrankwand mit eingebauter Glasvitrine
liegt auf dem *kursi,* einem Buchständer, der Koran. Es ist dämmrig
und angenehm kühl hier. Vor den Polstern stehen auf kleinen Tischen
Gläser mit gesüßtem Chai, schwarzem Tee, der zu einer längeren
Unterhaltung unbedingt dazugehört. Die fünf Geschwister von Alaa,
der Mitte 20 ist, haben sich eingefunden. Er hat eine ältere Schwester

und einen älteren Bruder, alle anderen Geschwister sind jünger. Die kleine Schwester, die er so gern mag, ist acht geworden, ein Schulkind, seit drei Jahren. Und, natürlich, die Eltern. Die Mutter trägt ein langes dunkles, festliches Kleid, zu Ehren der Gäste. Ihre Haare sind von einem Schleier bedeckt. Der Vater, der heute sein Geschäft etwas später öffnet, hat sich eine Hose, ein helles Hemd und ein Jackett angezogen. Früher, erklärt Alaa, habe man als Mann auf traditionellere Kleidung Wert gelegt, den Burnus, einen langen, offenen Mantel, und die Kufiya, das arabische Kopftuch, getragen. Aber Syrien habe sich gewandelt. Man wird bedient, es gibt allerlei süßes Gebäck zum Chai, und man redet miteinander. Alaa, überaus sprachbegabt, übersetzt. Englisch, sagt er, habe er in der Schule gelernt, sich aber vor allem selbst beigebracht, anhand von Songtexten. Was er gerne hört? Neben der syrischen Musik Reggae. Die Eltern auch? Die Familie, kann man sich vorstellen, würde über diese Frage lachen. Sie mögen die traditionelle Musik, stammen doch aus einer anderen Generation. Was sein Vater in seinem Geschäft verkauft? Der Vater antwortet, Alaa übersetzt: Bekleidung, und dass Alaa ihm im Geschäft helfe. Etwas später kommen noch die Verwandten aus den Nachbarhäusern vorbei, die beiden Onkel und Tanten, etliche Vettern und Cousinen, Kinder tollen herum, die Ehepartner sagen auch *salaam,* und Alaa kündigt an, dass zu Ehren des Gastes die ganze weitere Familie komme. Inzwischen sind es sicher mehr als 30 Personen. Sie kommen und gehen und sitzen und reden, und längst hat man die Übersicht verloren und gibt sich den Klängen der arabischen Sprache hin und dem Beobachten der vielen, so unterschiedlich gekleideten Erwachsenen und miteinander spielenden Kinder. So könnte sich die erste Begegnung abgespielt haben im Haus in Darʿā, dieser uralten historischen Stadt an der jordanischen Grenze, die schon zu biblischen Zeiten bewohnt war.

Niemals mehr wird man Alaas Familie dort besuchen können. Darʿā ist schwer beschädigt. Die Armee warf Fassbomben, das Elternhaus wurde getroffen, jetzt ist es eine Ruine. Als das geschah, war Alaa in Damaskus und das Gebäude zum Glück leer. Die Familie hatte geahnt, dass es früher oder später so kommen würde. Auch das Geschäft des Vaters in der Stadt ging in Flammen auf. Ein Bombentreffer. Bis zuletzt hatte der Vater zusammen mit Alaa und seinem älteren Bruder dort gearbeitet. Damit war es vorbei. »Zuerst ist man geschockt«, sagt Alaa.

»Man denkt, es ist nicht wahr, hält es für einen bösen Traum. Dann merkt man, dass es die Wirklichkeit ist. Dann kommt die Trauer. Man kann sie nicht wegschieben. Bis heute, wenn ich an Dar'ā denke, an das zerbombte Geschäft, das zerstörte Haus, erfüllt mich unendliche Traurigkeit. Man kann nichts tun. Man kann sich niemandem anschließen. Auf niemanden hoffen. Man hat keine Wahl.«

Bei uns gibt es niemanden, der recht hat.
Keine Parteien, die zu den Guten gehören.

Der einzige Trost: Der Onkel, der neben ihnen wohnte, konnte sich mit seiner und Alaas Familie in das nahe Jordanien in Sicherheit bringen. Diesem Onkel ist Alaa sehr verbunden. Er hängt an ihm und an den Vettern und Cousinen. Nicht nur weil sie seine Sportbegeisterung teilten. Er war auch oft nebenan, um gemeinsam Playstation zu spielen, herumzuhängen, zu reden, Musik zu hören oder die Fußballspiele im Fernsehen anzuschauen.

Die Erinnerungen schmerzen, weil sie von Wärme und Sorglosigkeit durchzogen sind. Aber er war nicht nur im Haus seines Onkels oder auf dem Sportplatz glücklich, sondern verfolgte zusammen mit einigen wenigen Jugendlichen eine ungewöhnliche Leidenschaft. Wäre man mit ihm durch die Stadt gegangen, damals vor sechs oder sieben Jahren, wäre er vielleicht plötzlich verschwunden und auf einem Hausdach wieder aufgetaucht. Dann mit einem Satz auf das nächste gesprungen, dann auf ein weiteres, wäre mit größter Behändigkeit an einer Ecke nach unten geklettert, dann mit einem Salto über einen Karren, eine Drehung, und – zack – wäre er wieder vor einem gestanden. Etwas außer Atem. So jedenfalls hätte es sein können, denn Alaa war ein Parkour-Läufer, ein Traceur, also jemand, der eine Stadt kunstvoll akrobatisch auf der Direttissima durchquert, und das mit hoher Geschwindigkeit. In Darʿā gab es eine kleine Szene von jungen Menschen, die sich diesem Sport verschrieben hatten.

»Ach«, sagt er und drückt seine Zigarette aus, »das war vor dem Krieg, das ist vergangen. Da habe ich auch noch nicht geraucht.« Fast alle in der ehemaligen Pension rauchen. Eine Folge des inneren Drucks, der Ungewissheit.

Sie stehen vor den Trümmern ihres Lebens und wissen nicht, was ihnen die Zukunft bringt. Eine neue Heimat? Ein neues Zuhause? Neue Freunde? Was sie erlebt haben, ist kaum zu verarbeiten. Was auf sie zukommt, ohne Klarheit. Können sie sich da willkommen fühlen? Der Krieg hat alles auf den Kopf gestellt, alles verändert. Das ganze Leben.

Vorher spielte es sich in ganz normalen Bahnen ab. Sicher: Nicht alles war leicht und lustig, aber es war vertraut. Das Elternhaus, die Freunde, die Kindheit, die ersten Schritte in ein eigenes Leben. Man braucht Alaa nur zuzuhören, wenn er an seine ersten Wochen in der Schule zurückdenkt: »Ich erinnere mich, wie mich mein Bruder immer zur Schule brachte und ich weinte. Jeden Tag. Das ging einen Monat so, ich wollte wieder heim. Dann fand ich Freunde, die mir über all die Jahre blieben. Jetzt habe ich nur noch zwei von mehr als zehn. Einige sind tot, im Krieg ermordet, andere in aller Welt versprengt, wieder andere irgendwo in Syrien. Wo, weiß ich nicht.« Und dann setzt er in einer eigentümlichen Mischung aus Trauer und Hoffnung hinzu: »Na ja, vielleicht finde ich ja neue Freunde hier, oder auch nicht. Ich weiß es nicht. Das wird die Zukunft zeigen. Ich habe ja noch keine Verbindungen.« So viel Mut zur Ehrlichkeit. Und das nach allem, was er erlebt hat. Schlimmes auf der Flucht. Schlimmeres zu Hause in Syrien.

Eigentlich wollte er studieren, aber er hatte die Schule nicht abgeschlossen, belegte dann ein Semester private Kurse, um sich doch noch auf den Abschluss vorzubereiten und die Zulassung zur Universität zu bekommen. Er hätte Arabisch und andere Sprachen studieren können, oder Sport. Fähigkeiten hätte er sicher auch für ein Studium in Tiermedizin gehabt. Aber dann begann der Aufstand im Land gegen die Assad-Diktatur, für demokratische Reformen. Er begann ausgerechnet in seiner Stadt.

Februar 2011. In Darʿā werden 15 Kinder verhaftet. Sie haben regimekritische Parolen auf eine Schulmauer gesprayt: »Nieder mit dem Präsidenten« und »Du bist dran, Doktor«. Doktor, so wird der studierte

Arzt Assad in Syrien genannt. Im Gefängnis werden sie geschlagen, mindestens einer, ein 15-Jähriger, wird wochenlang gefoltert. Empörte Menschen gehen auf die Straße. Erst nach mehr als einem Monat kommt der Jugendliche frei. Die Verhaftung der Schulkinder bringt den Stein ins Rollen, der bald zu einer Lawine wird. Zuerst protestieren nur die Eltern und deren Familien. Die Sicherheitskräfte, deren Chef ein Verwandter von Assad ist, schießen. Menschen sterben. Aus den Protesten werden immer größere Demonstrationen. Wieder feuern Polizei und Armee in die Menge. Der Konflikt eskaliert.

»Wir waren alle schockiert«, sagt Alaa. »Jeder wollte, dass die Gewalt aufhört. Aber niemand konnte sie stoppen.« Das entwickelte eine verhängnisvolle Eigendynamik. »Jeden Freitag, dem Tag des Gebets und der Predigt des Imams, versammelten sich die Menschen vor der großen Moschee, Kinder, Familien, Frauen, Männer, alle.« Er war gerade 20 und dabei, sich auf sein Abschlussexamen vorzubereiten, als sich die Lage immer weiter zuspitzte. Zweimal ging auch Alaa freitags mit zur Moschee, um zu protestieren, bis seine Mutter, eine strenge Frau, es ihm strikt verbat – aus guten Gründen. Die Soldaten hatten inzwischen Dar'ā abgesperrt und Checkpoints eingerichtet. Die Armee schoss auf die Protestierenden, mit Scharfschützen. Jeden Freitag hörte man das Schießen.

Anfang Mai 2011 wird in Dar'ā wieder ein Schüler verhaftet. Er ist gerade einmal 13 Jahre alt. Als man ihn später den Eltern zurückbringt, ist er tot. Sie bekommen die entstellte Leiche ihres gefolterten Kindes. Das soll sie zum Schweigen bringen. Doch die Familie entschließt sich zum Gegenteil. Sie veröffentlicht ein Video, das den misshandelten Knabenkörper zeigt: Hämatome, Brandwunden, zertrümmerte Kniescheiben, gebrochener Kiefer, abgeschnittene Genitalien. Die Folge sind landesweite Demonstrationen. Syrien brennt.

In Dar'ā, sagt Alaa, hätten zuerst die Armee und die Freie Syrische Armee gegeneinander Krieg geführt. Später sei der Daesch erschienen. Auch würden sich immer wieder lokale Parteien bekämpfen. Heute sucht ihn die Polizei, weil er nicht in die Armee gegangen ist. Die wollten ihn, um ihn in den Bürgerkrieg zu schicken und seine Landsleute zu erschießen. Alaa sagt: »Da führt überhaupt kein Weg hin. Niemals.« Er wird mit Haftbefehl gesucht und ist der Polizei und der Armee immer wieder entkommen.

Inzwischen, sagt Alaa, sei die Familie zerstreut. In Jordanien und in der Türkei, und er in Deutschland. »Ich hatte ja keine Wahl. Ich habe schlimme Dinge gesehen. Vielleicht werde ich die Bilder eines Tages los. Ich weiß es nicht. Sie gehören jetzt wohl zu meinem Leben. Gehört Deutschland zu meinem Leben? Auch das weiß ich nicht. Mein großer Traum ist ein kleines Zuhause, eine eigene Familie und ein Beruf, der mir ein normales Leben ermöglicht.«

Ob er nach Syrien zurückkehrt? Vielleicht. Die Sehnsucht ist immer da. Nach der Familie, dem Geruch, den Geräuschen, den Menschen, der Wärme. Dem Zimmer, in dem die Gäste willkommen geheißen werden, mit dem schwarzen, ungesüßten arabischen Kaffee. Und da lächelt Alaa.

MAHMUT

ALTER: 21 JAHRE
FLUCHTROUTE: BALKANROUTE
BERUF: STUDENT

E r könnte der perfekte Schwiegersohn sein, der schlanke junge Mann. Er ist fröhlich, strahlt, ist höflich und rücksichtsvoll und freut sich diebisch, wenn er den Essensgast nicht nur bedient, wie es die Gastfreundschaft verlangt, sondern dem Verdutzten mit bestimmendem Charme einen ausgesuchten Happen in den Mund steckt. Mahmut muss man einfach mögen. Wenn er mit dem Fahrrad unterwegs ist, grüßt er die Menschen, so, wie das auf den Dörfern in Deutschland üblich ist, und manche grüßen zurück.

Er hält, wie alle in der ehemaligen Pension, viel auf Sauberkeit. Spült das Geschirr – das »ü« ist kaum aussprechbar für die arabische Zunge, wird immer zum »u« – und lacht, wenn man ihm sagt, er sei eine lebendige Spülmaschine. »Spüüülmaschine«, ahmt er dann nach und freut sich über den kleinen Scherz.

Mahmut lernt gerne. Es macht ihm Spaß. Das war schon in Syrien so, zu Schulzeiten. In Hamah, der Stadt, in der er aufgewachsen ist, gab es viele Kinder und große Klassen. Aber er konnte lernen, etwas erfahren, und er mochte seine Lehrer. Es gab an seiner Schule einen Lehrer-Tag, an dem die Kinder der Lehrerin oder dem Lehrer Geschenke überreichten. Für europäische Ohren klingt das ungewöhnlich, wie offizielle Bestechung. Mahmut sagt, niemand hätte sich dabei etwas gedacht, es sei eine Geste gewesen, mehr nicht. Er erzählt, er habe seinem Lehrer als Geschenk seiner Eltern eine Uhr mitgebracht, und lacht mit allen anderen über die ironische Bemerkung eines der Zuhörer, der Lehrer sei wohl immer zu spät gekommen.

Tatsächlich genießen Lehrende in Syrien offenbar besonderen Respekt. Davon zeugt auch das bescheidene Frühstück, das die jungen Fremdenzimmerbewohner ihrem Lehrer in der nahe gelegenen Sprachschule jeden Morgen mitbringen. Croissant und Kaffee für »Lehrer Karl«, wie sie ihn nennen.

Mahmut versucht nach Kräften, sich mit den fremden Buchstaben und den so anders ausgesprochenen Vokalen und Konsonanten vertraut zu machen, mit der ganz anders klingenden Sprachmelodie, ihrem fremden Rhythmus. Zumal er zu Hause in Hamah, erzählt er, kaum Englisch gelernt habe, obwohl es im Lehrplan vorgesehen war.

Der Krieg begann, als ich 16 wurde, von da an waren Fremdsprachen gestrichen.

Wenigstens blieb ihm der Sport, der Fußball. Mahmut spielte in der Schulmannschaft, meist als Verteidiger. Seine Elf gehörte zu den erfolgreichen Teams des Bezirks. Er ist nicht der Einzige in der ehemaligen Pension, der begeistert kickt. Eine eigene Mannschaft aufstellen – diese Idee wird immer wieder diskutiert. Ein Name für das Team existiert bereits: Pension Syria.

Lionel Messi, sagt Mahmut, sei sein großes Vorbild, sein Freund Alaa begeistere sich für Arjen Robben. Der internationale, insbesondere der europäische Fußball spielt eine große Rolle in allen Gesprächen, und

die Sympathien sind unterschiedlich verteilt. Mahmut hat an seiner syrischen Schule den Nachwuchs trainiert. Auch deswegen hat ihm die Schule Spaß gemacht.

Und sein sonstiges Leben? Er blickt etwas ratlos – nichts Besonderes. Wie alle anderen auch. Also muss man ihn etwas aus der Reserve locken, ihn etwas provozieren. Einzelkind? Was für eine dumme Frage, dieser Gedanke steht ihm – Höflichkeit hin oder her – ins Gesicht geschrieben. Bis er das leise Lächeln seines Gegenübers bemerkt und loslacht. »Nein, wir waren zu Hause sieben Brüder und vier Schwestern. Eine große Familie. Ja, wie alle in Syrien, wir lieben Familie.« Und plötzlich wird zum ersten Mal die Traurigkeit sichtbar, die er so selten ausstrahlt. Er vermisst seine Familie, vermisst die Gemeinsamkeit und Wärme, die spürbar wird, wenn er von den vielen Verwandten erzählt, von den Familienfesten, den gemeinsamen Ausflügen, den Picknicks mit seinen Vettern, Cousinen und Freunden, wenn sie draußen saßen im Schatten von Bäumen, frisches Obst dabeihatten oder Fleisch grillten, gemeinsam Chai tranken und Musik hörten. »Was für ein Leben«, sagt Mahmut. Was für Musik sie hörten? Jazz vielleicht? Oder Rap? Mit den Begriffen kann er nichts anfangen. »Wir haben syrische Popstars gehört, manchmal auch traditionelle Musik, gespielt auf einer Rohrflöte, der Ney und einer Laute, der Ud, begleitet von Trommeln, die den besonderen arabischen Rhythmus vorgeben. Da haben wir manchmal alle getanzt, zuweilen sang auch einer von uns, und die anderen tanzten.« Dazu der Geruch des Südens nach wilden Kräutern und trockenem Gras und schnarrende Zikaden in der Wärme eines späten Nachmittags.

Mahmut seufzt, hängt seinen Gedanken nach. Dann zeigt er auf dem Smartphone das Foto einer hübschen jungen Frau. Seine Freundin. Wo er sie kennengelernt habe? Er lacht verlegen. Warum? Er kenne sie seit der Schule. Irgendwann hätten sie sich verliebt. Also nicht der traditionelle Weg. Ja, das sei schon etwas schwierig gewesen, aber sie seien noch immer zusammen und würden so oft wie möglich miteinander sprechen. Sie ist in Syrien, er in Deutschland. Schon schleicht sich wieder etwas Traurigkeit in seinen Blick.

Mahmut ist ganz allein hier. Niemand sonst aus seiner Familie ist geflohen. Warum er? Er schüttelt den Kopf. Das Thema ist tabu. Wie er auch nicht über das sprechen möchte, was er gesehen und erlebt hat in diesem Krieg. Jedenfalls nicht öffentlich. Die Bilder, die er in seinem Smartphone gespeichert hat, sind fürchterlich und unbeschreiblich. Er trägt sie mit sich herum, sie sind längst eingebrannt in seine Seele.

»Sprechen wir von etwas anderem.« Er erzählt, er sei gerne ins Kino gegangen oder habe sich Filme zu Hause angesehen. Und es gebe viele syrische Serien, die ans Herz gingen. Die meisten der Daily-Soaps, die in der arabischen Welt, besonders im Ramadan, beliebt sind, wurden im Umland von Damaskus produziert, wie auch Historienfilme für die arabischen Länder. Viele Menschen in der arabischen Welt, sagt Mahmut, kennen die Geschichte, die Traditionen und die hocharabische Sprache und einzelne Ausdrücke nur durch die syrischen Serien. Manche, die aus anderen arabischen Ländern nach Europa gekommen seien, hätten sich so mit einer bestimmten Ausdrucksweise bei ihrer Ankunft als Syrer ausgegeben, um leichter als Flüchtling anerkannt zu werden. So haben es jedenfalls einige Bewohner der ehemaligen Pension miterlebt.

Mahmut kehrt wieder in seine Erinnerungen zurück. Vor dem Krieg lebte er ein ganz normales Leben. Er half im Betrieb seines Vaters, der Autos verkaufte, und ging auf die Universität, solange es noch möglich war. Dies übrigens sei der schönste Augenblick seines Lebens gewesen, der Moment, in dem er zum ersten Mal die Universität betreten habe. Eingeschrieben für Chemie, weil er keinen Studienplatz für Medizin bekommen hatte. Eigentlich war es immer sein Wunsch gewesen, Arzt zu werden. Er weiß, dass sich dieser Traum nicht erfüllen wird, aber er hofft, sein Chemiestudium in seinem neuen Leben in Deutschland fortsetzen zu können und eines Tages einen Arbeitsplatz in der Pharmabranche oder der Labormedizin zu finden.

Natürlich, die Sprache. Er lacht. Deutsch, schwierig. Das dauert. Und dann sagt er »Spülmaschine« mit ganz langem »ü«, schaut seinem Gesprächspartner lachend in die Augen und fragt auf Deutsch: »Stimmt das?«, und ist wieder der perfekte Schwiegersohn, den man einfach ans Herz drücken muss. Hoffentlich gibt es eine gute Zukunft für ihn. *Inschallah.*

ALTER: 29 JAHRE
FLUCHTROUTE: TÜRKEI, GRIECHENLAND, BALKANROUTE
BERUF: IT-SPEZIALIST, PROGRAMMIERER

WALID
DIE
GITARRE

In Syrien besaß Walid einen Schatz: eine Gitarre. »Ich musste sie zurücklassen, als ich mich auf die Reise nach Europa, nach Deutschland machte. Jetzt steht sie irgendwo in Syrien.« In den Libanon konnte er sie nicht mitnehmen, ebenso wenig wie in die Türkei. Ohnehin hätte sie im Schlauchboot keinen Platz gehabt, auf der Fahrt über das Meer zu der griechischen Insel. Er musste sich von ihr trennen, wie von allem, was ihm nahe war. Er, der die Freiheit liebt, dem es so wichtig ist, als Mensch in seiner Unabhängigkeit und Würde wahrgenommen und respektiert zu werden, sah keinen Ausweg mehr. »In Syrien«, sagt er, »wäre ich untergegangen. Gestorben. Oder getötet worden.« Also die Trennung, auch von seiner Gitarre. Von der Musik.

Der Abschied. Dann die Ankunft: Im Dezember erreichte er Deutschland. Er wurde in einer ehemaligen Kaserne in München untergebracht. Die Erlebnisse auf der Flucht über den Balkan und durch Österreich waren traumatisch für ihn, er wusste nicht, wohin mit sich selbst. Also hatte Walid sich ganz in sich zurückgezogen. Ausgerechnet er, der sonst so offene, neugierige und wache Mensch, stets bereit,

neue Kontakte zu knüpfen. Mag sein, dass diese Offenheit dem
erschöpften jungen Mann trotz allem anzusehen war. Denn etwas
geschah, das er heute als »Wunder« bezeichnet.

Wenige Tage nach seiner Ankunft kommt er am Bahnhof mit einem Mann ins Gespräch, wie sich rasch herausstellt, einem Musiker,
der ihn prompt einlädt, sein Studio zu besuchen, gleich um die Ecke.
Man spiele dort gemeinsam, wie es sich gerade
so ergebe. Schon nach ein paar Minuten schafft
die Musik in dem Übungsraum eine Gemeinsamkeit jenseits aller kulturellen und sprachli-
chen Unterschiede. Walid ist einbezogen.
Gleichwertig. Neil, so heißt der Mann, und seine
Musiker, sagt er, hätten ihm die Hoffnung zu-
rückgegeben. Neil bietet ihm eine gebrauchte
Gitarre an, als Geschenk. Voraussetzung sei,
dass er vorspiele. In dem Kindergarten, in dem
Neil arbeitet, setzt sich Walid also hin und spielt.
Danach legt ihm Neil die Gitarre in den Arm,
mit den Worten: »Sie hat auf dich gewartet. Und
wir darauf, dass du mit uns spielst.« Das war für
ihn der Augenblick, sagt er, an dem er sich zum
ersten Mal willkommen gefühlt habe. Angenommen. Die Geschichte verknüpft auf eigen-
tümliche Art auch Verlust und Gewinn, Altes
und Neues, Erinnerung und Zukunft.

Walid ist kein Profimusiker, sondern IT-Spe-
zialist. In Syrien entwickelte er Programme für
Unternehmen, die zum Beispiel ihre betriebli-
chen Informationssysteme verbessern wollten.
Die meisten hatten ihren Sitz in den Vereinig-
ten Emiraten. Das klingt nicht nach einem
Menschen, der seine Kindheit auf einem Bau-
erndorf tief im Südwesten Syriens verbracht hat.
Und doch sind Datenverarbeitung, Musik und
Dorf eng mit Walids Leben verbunden.

Eine Gitarre sah er zum ersten Mal bei einem
seiner vielen Cousins herumliegen, der um die

Ecke wohnte. Er probierte spielerisch einige Griffe und fing Feuer. Nach der Schule saß er da, gebeugt über das Instrument, etwas abseits irgendwo draußen im Schatten, zog sich zurück, um nur für sich Griffe und Rhythmen auszuprobieren. Alles brachte er sich selbst bei, die Technik, hörte Stücke, spielte nach, übte und bekam irgendwann seine eigene Gitarre geschenkt.

Seine Eltern unterstützten ihn, indem sie dem heranwachsenden Sohn Luft zum Atmen ließen. Seine Weltoffenheit ist Frucht der Erziehung. »Macht nur«, sagte sein Vater und förderte die Interessen seiner Kinder, Walids und seiner Brüder wie der Schwester.

Wenn Walid von seinem Vater spricht, spürt man seine Liebe und Hochachtung. Er pflege die Traditionen, sei aber auch ein Mensch der Freiheit. »Als Teenager gestand ich meinen Eltern irgendwann, dass ich rauche. Mein Vater antwortete, dies sei meine Entscheidung: ›Du musst wissen, was du tust. Du bist für dich verantwortlich, und in diesen Dingen nehme ich dir die Entscheidung auch nicht ab.‹«

Auf einem Foto, das Walid auf seinem Smartphone gespeichert hat, sieht man einen Mann mit Strohhut unter einem Olivenbaum. Er könnte ein Schriftsteller sein, irgendwo in Italien oder Griechenland, der auf seinem Bauernhof Oliven und Wein anbaut. Dazu passt, dass dieser Mann mit seinem Sohn über Gott spricht. Wie ein Philosoph, sagt Walid, und dass die tiefgründigen Gedanken seines Vaters für ihn manchmal schwer zu verstehen gewesen seien. Vor allem habe der Vater den Kindern eingeschärft, dass der Mensch frei sei und sich stets einen offenen Geist bewahren solle und sich bewusst zwischen einem falschen und einem richtigen Weg entscheiden könne. Ein ganzes Leben lang. »Wenn wir uns entschieden hatten«, sagt Walid, »hat er uns unterstützt. Aber niemanden hat er zu einer Entscheidung gezwungen.«

Walids Vater ist weder Schriftsteller noch Philosoph, sondern Bauer. Er hat Felder, eine große Schafherde, dazu Ziegen, Kühe und etliche Bienenvölker. Damit ernährt er die Familie, bis heute. Vor allem mit Schaffleisch, das in Hülle und Fülle vorhanden war und das es jeden Tag zu essen gab – woraufhin Walid und seine Schwester sich entschieden, Vegetarier zu werden. Alles scheint möglich in dieser besonderen Familie.

Walid sitzt in der Sonne, an eine warme Bretterwand gelehnt, und blickt ins Weite. Die Sonnenbrille verdeckt den Ausdruck in seinen Augen, vielleicht hat er sie bewusst aufgesetzt. Er schweigt. Das Thema Familie geht ihm nah. Es lässt ihm keine Ruhe. Er, der oft so cool wirkt und, zumindest äußerlich, nichts an sich ranlässt. Vielleicht, weil er so verletzbar ist. Dann räuspert er sich und gewährt einen Blick in sein Inneres.

Familie ist das Köstlichste, Wertvollste. Sie steht an erster Stelle.

»Familie ist emotional so wichtig. Wir kümmern uns umeinander, achten gegenseitig auf uns. Wir lieben uns. Das ist wirklich eine sehr enge Verbindung. Ach, und meine Mutter! Sie war der goldene Mittelpunkt. War verbunden mit uns allen und ist es noch. Sie gab die Anweisungen, war die, die alles regelte. Sie war die Reizendste, ach, die ... Ich liebe sie so sehr. Wenn wir Nachrichten austauschen, über WhatsApp, dann kann ich manchmal nicht antworten. Es geht mir zu nahe. Ich finde keine Worte. Die Familie dort und ich hier – und nichts kann ich für sie tun. Das ist so bitter. Was soll ich sagen ... Manchmal kann ich ihr und meinem Vater Mut machen. Aber, wie gesagt, ich bin nicht immer in der Lage, die richtigen Worte zu finden. Das liegt auch an meiner Situation. Ich habe sie mir nicht ausgesucht.«

Walid nimmt die Gitarre und beginnt zu spielen. Ein spanisches, etwas melancholisches, romantisches Stück aus dem 19. Jahrhundert. Er sitzt hier in Deutschland, in Sicherheit, und weiß doch seine Familie in Syrien in Gefahr. Einer seiner Brüder hält sich irgendwo versteckt, um nicht als Soldat kämpfen und töten zu müssen und nicht selbst getötet zu werden. Niemand weiß, wo er ist, nur manchmal erreicht die Familie eine Nachricht, dass er lebt, sich durchschlägt. Auch bei Walid ist die Angst mitgereist nach Deutschland. Wie bei allen, die in den Fremdenzimmern untergekommen sind.

Die Willkür und die Gewalt des Regimes sind in Syrien allgegenwärtig, nicht erst seit dem Bürgerkrieg. Das wird in jedem Gespräch spürbar, und das belegen die langen Listen mit Menschen, die verhaftet worden und in den Gefängnissen verschwunden sind: Journalisten, Bürgerrechtler, Reformer, Oppositionelle, Frauen wie Männer, selbst Kinder. Menschen, die zufällig etwas gesehen haben, das sie nicht hätten sehen sollen. Menschen, die von übelwollenden Nachbarn angezeigt wurden. Menschen, die etwas Falsches sagten oder die zur falschen Zeit am falschen Ort waren oder etwas taten, was den Schergen verdächtig schien, oder sie, die Schergen, brauchten einfach gerade einen Verdächtigen. Manchmal tauchen diese Menschen wieder auf, gezeichnet von Folter und Misshandlungen. Manchmal bleiben sie verschwunden. Sicherheit gibt es keine. Nirgends. Walid weiß das alles, hat diese Unsicherheit, diese Rechtlosigkeit am eigenen Leib erfahren. Zumal er zu einer der vielen Minderheiten in Syrien gehört. »Mein wahres Gesicht«, sagt er, »muss man nicht sehen. Mein wahres Gesicht ist mein Inneres.« So ein Satz ist typisch für Walid, den freiheitsliebenden, empfindsamen Menschen, den sein Vater so sehr geprägt hat und dem die Familie alles bedeutet, wie allen in der ehemaligen Pension. Denn Verlässlichkeit bietet nur der große Kreis der Familie. Man hilft sich gegenseitig. Das ist ein ungeschriebenes Gesetz. Eltern und Geschwister, Onkel und Tanten, Vettern und Cousinen, auch die entfernteren Verwandten sind füreinander da innerhalb der erweiterten Gruppe der Familie, des Klans.

Walid spielt noch. Dann klingen die Töne aus. Das Stück ist zu Ende. Er will nicht dauernd erinnert werden an Syrien, sein Dorf, an die Stadt, in der er studierte und arbeitete.

Aber manchmal gibt es auch gute Momente, sich zu erinnern. Etwa als er unweit der ehemaligen Pension auf der Terrasse von Freunden Rosmarin entdeckt. Er ruft den arabischen Namen, freut sich, riecht an der Pflanze, erzählt, dass sie zu Hause auch damit kochen. Dann fällt sein Blick auf den Salbei daneben und den Thymian: »Gewürze, die wir zu allen Lammgerichten verwenden, wenn wir grillen oder zum Picknick unter den Olivenbäumen etwas kochen«. Man sieht ihn förmlich, sitzend im Kreis der Familie, hell gekleidet. Duftendes Fleisch, Fladenbrot, das ausgeteilt wird, dazu Kichererbsen, er hat eine Sauce zubereitet, dazu trinkt man vielleicht einen Schluck Rotwein, unterhält sich, raucht, lacht, Freunde und Verwandte kommen, und allmählich versinkt der Tag in einen pastellfarbenen Abend und eine laue südliche Nacht.

Die Schafe, sagt er, hätten sein Studium finanziert. Der Vater habe immer wieder welche verkauft, damit er, der zweite Sohn, in der nahen Stadt sich ganz dem IT-Studium widmen konnte, an einer virtuellen Hochschule, also Lernen am Laptop, um dank der »Business Informa-

tion Technology« einen guten Start ins Leben zu bekommen. Eine Chance, die Walid wahrgenommen hat. Bereits während der Ausbildung arbeitete er für ein Unternehmen, das Programme entwickelt, und stieg rasch vom Programmierer zum Projektleiter auf, wurde gerufen, wenn es hakte, der IT-Spezialist für die schwierigen Fälle. Bis in seiner Stadt eine Autobombe explodierte, der »IS« vorrückte und Gewalt und Krieg Einzug hielten.

Der Vater bat ihn, Syrien zu verlassen, sagte: »Hier gibt es keine Hoffnung. *They will kill you, they kill everything.* Geh und unterstütze deine Brüder.« Walid zögerte. Aber die meisten seiner Freunde waren bereits tot. Sie alle hatten keine Wahl gehabt. Sein bester Freund wurde auch ermordet. »Die meisten«, sagt Walid, »starben durch das Regime.« Und: »Ein Vetter von mir, der bei der Armee war, floh in die Niederlande, weil man ihn töten wollte. Das ist Terror, der sich immer weiter steigert. Niemand weiß, wen es trifft und warum.«

Er entscheidet sich, packt sein Kapital, also seine Festplatten mit allen Arbeitsunterlagen, und verschwindet in den Libanon. Dort arbeitet er weiter für die Firma, fühlt sich aber zunehmend unsicher und angespannt. Assads Arm, sagt er, reiche bis Beirut. Einmal noch schleicht er sich nach Hause ins Dorf zurück und nimmt unter Tränen Abschied von den Eltern, ehe er sich auf den Weg nach Europa macht.

Diese Reise wird für ihn so traumatisch, dass er sie jetzt in weiten Teilen ausblendet. Er kann sich, will sich nicht erinnern. Nur verschwommen tauchen Bilder auf. Von bewaffneten Schleusern an der türkischen Küste, die ihn bedrohen, von einer Fahrt im schaukelnden Schlauchboot, von zwei sich streitenden Frauen, von Menschen, die buchstäblich verrückt werden, randalieren, von Stacheldrahtlagern, rüdem Wachpersonal, prügelnden Polizisten und ruppigen, entwürdigenden Kontrollen an Grenzen. Völlig demoralisiert erreicht Walid schließlich München.

Und dort wartet Neil. Der Mann mit der Gitarre, der ihm die Hoffnung zurückgibt, auf ein neues Leben in Europa.

ALTER: 23 JAHRE
FLUCHTROUTE: BALKANROUTE
BERUF: STUDENT

NADIM

EIN ZWEITES LEBEN

» Jede Woche erschien die Polizei oder die Armee vor unserem Haus und fragte nach mir. Der Druck war furchtbar.« Was wäre geschehen, wenn sie Nadim erwischt hätten? Wenn er nicht leise durch die Hintertür verschwunden wäre oder er, nach Hause kommend, die Männer nicht rechtzeitig gesehen hätte und nicht unbemerkt umgekehrt wäre? Oder er nicht nächtelang hätte woanders wohnen können?

Bestenfalls hätten sie seinen Pass einbehalten, als Druckmittel, und ihn auf eine Polizeistation oder direkt in eine Kaserne einbestellt. Braucht doch das Regime jeden, der kämpfen kann, in diesem Bürgerkrieg. Zu viele Soldaten sind Assad schon von der Fahne gegangen und haben ihr Heil in der Flucht gesucht. Deshalb waren sie im dritten Jahr des Bürgerkriegs hinter Männern wie Nadim her. Wahrscheinlich jedoch hätten die Bewaffneten den jungen Mann umgehend mitgenommen und ihn eingesperrt, geschlagen, gefügig gemacht und ihn in den Krieg gezwungen. Seine größte Angst aber war, sagt Nadim, dass sie jemanden aus der Familie als Geisel nehmen würden. So, wie es derzeit oft in Syrien gehandhabt werde. Die Schergen Assads seien unberechenbar. Vor allem bei Familien mit kurdischen Wurzeln. Jeder könne die Herkunft am Namen erkennen.

Flüchtlingswurzeln. Die Urgroßeltern waren in den 1930er-Jahren den Kurdenverfolgungen in der Türkei entkommen, indem sie nach Syrien flohen, möglichst weit weg, bis hinter Damaskus. Sie wurden Syrer, aber nur dem Pass nach. Denn sie blieben in den Augen vieler Einheimischer Fremde. Kurden. Und Kurden, sagt Nadim, werden diskriminiert in Syrien – nicht nur dort und nicht nur vom Staat. Warum das so ist, weiß er nicht. Es gibt so vieles, auch in seiner ehemaligen Heimat, was er inzwischen nicht mehr versteht.

Jetzt ist er der Flüchtling. Lebt in einem Fremdenzimmer. Mit deutschen Papieren. Fühlt er sich als Deutscher? Nadim lächelt, sagt, er fühle sich jetzt erst einmal sicher. Das sei ein unbeschreibliches Glück, keine Angst mehr haben zu müssen. Sicherheit sei so ein großer Schatz. Aber Flüchtling bleibe er wohl, denn das sei eine Frage des Bewusstseins, des eigenen und des der anderen Menschen, der Deutschen. Aber was macht einen Menschen zum Deutschen? Die Staatsangehörigkeit? Die Sprache? Die Kultur? Der Geburtsort? »Vielleicht wächst man da hinein«, sagt Nadim und, dass sein neues Leben jetzt mit einem Integrationskurs in der nahe gelegenen Kreisstadt beginne und er das, was er erlebt habe, abschließen wolle. Der Verlust sei zu groß, um sich ständig daran zu erinnern.

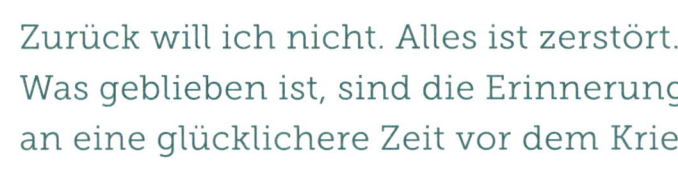

Zurück will ich nicht. Alles ist zerstört. Was geblieben ist, sind die Erinnerungen an eine glücklichere Zeit vor dem Krieg.

»An das Haus, in dem meine Familie wohnte. Dieses Gefühl, behaust zu sein, vermisse ich. Wie meine Stadt, Damaskus. Das Damaskus, wie es war. Voller Leben. Vielfältig. Offen für alle Religionen. Alt und neu. Betörend.« Dann beginnt er, von seinem ersten Leben zu erzählen.

In das volle, bunte Leben von Damaskus wurde Nadim in den 1990er-Jahren hineingeboren. Seine ersten Erinnerungen sind schemenhafte Bilder von den Eltern, den Geschwistern, dem Leben zu Hause. Davon, wie er mit seiner ältesten Schwester kuschelte, die er ganz besonders mochte und die mit ihm spielte. Mit Stofftieren.

Er kann sich gut an den ersten Schultag erinnern, das frühe Aufstehen, dann der Weg in die Schule. Gerne sei er dort hingegangen, bis heute mache es ihm Spaß, zu lernen. Im Rückblick, sagt er, war es wunderbar, an nichts Schreckliches denken zu müssen, sondern in aller Unschuld einfach lernen zu können. Nach der Schule spielten sie dann. Natürlich Fußball, unten auf der Straße oder in den Höfen, mit großer Begeisterung, aber auch Fangen, Verstecken, Räuber und Gendarm oder, wie im Fernsehen, Indianer und Cowboy. Sie spielten mit Murmeln oder mit Münzen, die so nah wie möglich an eine Mauer geworfen werden mussten, und der Sieger durfte die Geldstücke der anderen behalten. Auch die Streiche scheinen die gleichen zu sein wie von Kindern aus aller Welt: klingeln und fortlaufen oder Menschen heimlich als Detektiv verfolgen. Es gab auch Spiele, die die Eltern besser nicht sahen: Wenn Nadim mit seinen Vettern eine Art Baseball spielte, nicht mit Bällen, sondern mit Steinen. »Das war ziemlich gefährlich«, sagt er, »wenn uns jemand dabei erwischte, rannten wir davon.« Das alles klingt vielleicht nicht spektakulär, aber es spiegelt die Wärme und Geborgenheit einer Kindheit in der Großstadt. »Ein unbesorgtes Leben«, sagt Nadim.

Nicht einmal zehn Jahre später wird er von dem Dach seines Hauses aus hautnah miterleben, wie Bomben fallen, wie das Nachbarhaus getroffen wird, zusammenstürzt und, nachdem sich der Staub gelegt hat, sehen, wie ein Mann verstümmelt und tot auf der Straße liegt. Der Nachbar. Dort, wo sie früher spielten, sangen und saßen und mit ebendiesem Mann sprachen, den er so mochte. »Er gehörte zu unseren Freunden, unserer Familie.« Er sah seine Schule in Trümmern, sah die zerfetzten Leichen von Menschen, die ihm nah waren. Sah täglich den Tod.

Seither führt er, wie er sagt, ein »besorgtes Leben«, mit Bildern im
Kopf, die ihn auch in der Sicherheit seines deutschen Fremdenzimmers nicht verlassen. Vor allem nachts. Oft kann er nicht schlafen.
Liegt wach, bis der Tag graut. Vermutlich wird er diese Bilder niemals
loswerden. Sie werden ihn in seinem neuen Leben begleiten, sind
Teil von ihm geworden. Der Schrecken und die große Trauer, die sich
über seine Seele gelegt haben, werden im Lauf der Zeit vielleicht ab-
klingen. Nadim sagt, diese Melancholie stünde ihnen allen ins Gesicht
geschrieben. Wie recht er damit hat. Und dass es schon eine Wohltat
sei, wenn ihm jemand zuhöre. Zuwendung statt Abwenden. Annehmen statt Abschieben. In der Begegnung mit Nadim und den anderen
wird die eigentliche Bedeutung solch abgenutzter Begriffe plötzlich
klar. Integration ist niemals nur Aufgabe derer, die kommen, sondern
immer ein gemeinsamer Prozess aller Beteiligten.

Er sitzt vor der ehemaligen Pension in der Sonne und blickt in die
Landschaft, auf die Wiesen und Hügel und die Berge. »Diese Landschaft«, sagt er, »erinnert mich an unser kleines Grundstück mit dem
Häuschen, oben in den Hügeln, das wir hatten. Nicht weit von Damaskus. Da sah man auch die Berge. Wir hatten einige Obst- und Olivenbäume, und mein Vater baute Gemüse an.« Viele syrische Familien
versorgten sich soweit wie möglich auf diese Weise, stiegen doch die
Preise für Lebensmittel in den letzten zehn Jahren drastisch.

Nadims Vater war in dem Dorf, in dem das Häuschen stand, geboren worden, und er hing an seiner alten Heimat. Nach Damaskus war
er des Geldes wegen gezogen, er arbeitete als Chauffeur bei einem
Staatsbetrieb, der seinen Sitz in der Hauptstadt hatte. Allwöchentlich
fuhr die Familie in das Dorf. Alle mussten mit. Als er älter wurde, ging
Nadim das auf die Nerven. Er verbrachte die Zeit jetzt lieber mit seinen
Freunden in der Stadt. Wie das so ist in der Pubertät. Den strengen
Vater brachte das auf. Noch mehr, wenn dann der Sohn sich jeder Mithilfe im väterlichen Garten durch beharrliche Passivität zu entziehen
suchte. Einmal, als Nadim mit missmutigem Gesicht das Weite suchen
wollte, muss der wütende Vater dem sich Davonstehlenden vollends
entnervt einen Stein hinterhergeworfen haben. Vater-Sohn-Konflikte.
Jetzt, als erwachsener Mann, lacht Nadim darüber. Sagt kichernd:
»Wirklich – einen Stein!« Und: »Heute weiß ich, wie schön es da oben
in den Bergen war. Es gibt sogar Schnee dort im Winter. Die frische

Luft, der Wind, die Hügel und dann die Berge, wie hier in unserer Pension, wo die anderen und ich jetzt für eine Weile leben.« Aber nahezu jede Erinnerung ist mit Trauer gemischt. Auch die an das Dorf in den Hügeln, zwischen den Olivenbäumen. »Als wir zum letzten Mal dort waren, begann die Armee, uns zu bombardieren. Vielleicht war es auch jemand anderes, die Freie Syrische Armee oder die Hisbollah oder irgendwelche Milizen oder die Nusra-Front, man kann das manchmal nicht mehr unterscheiden. Aber am schlimmsten ist schon Assad. Er hat die meisten Bomben auf Menschen werfen lassen, Menschen, die überhaupt nichts getan haben, deren einziges Verbrechen es war, zur falschen Zeit am falschen Ort zu sein.« Keine Sicherheit, nirgends. Nadim, der empfindsame, stets hilfsbereite und liebenswürdige junge Mann wusste damals, dass er Syrien verlassen muss.

Zunächst sah alles nach Hoffnung aus. »Ich hatte begonnen, in Damaskus Maschinenbau zu studieren. Ich wohnte zu Hause, nicht weit von der Universität. Wenn ich nicht gerade lernte, arbeitete ich in einem Restaurant. Als Tellerwäscher, als Kellner. Oder verdiente mir mit anderen Gelegenheitsjobs etwas dazu, wie schon zu Schulzeiten. Wir wollten nicht alles unserem Vater überlassen. Das funktionierte sehr gut, auch wenn mir das Leben zu Hause manchmal auf die Nerven ging. Immer hieß es: ›Nadim komm her, Nadim besorge dies oder jenes!‹ Oder ich musste auf meinen kleinen Bruder aufpassen. Wenn es mir zu viel wurde, habe ich mich mit meinen Freunden getroffen. Wir haben etwas unternommen oder sind im Café gesessen. Damaskus bot wirklich so viel.« Zum Beispiel sogenannte West- und Ost-Lokale. Der Westen: Das waren Fast-Food-Restaurants oder italienische, griechische und chinesische Lokale. Der Osten, das waren die traditionellen syrisch-arabischen Treffpunkte. Legendäre Teehäuser, alteingesessene Restaurants, viele von ihnen auf und um den Suk gelegen, diesen berühmten, überdachten Markt mit seinen 1000 Waren, Farben, Gerüchen, kleinen Handwerkbetrieben, Geschäften, winzigen Tee- und Kaffeestuben.

»Alles vorbei«, sagt Nadim. »Als die politischen Auseinandersetzungen begannen, war ich 19. Damals studierte ich schon. Deshalb konnte die Armee mich nicht holen. Aber ich konnte leider nicht weiterstudieren, weil der reguläre Unibetrieb nicht mehr möglich war.« Tatsächlich war es jeden Tag eine Frage von Leben und Tod: In die

Vorlesung gehen oder ihr fernbleiben? Nicht nur wegen der Bomben, denn in Damaskus kämpfen bis heute alle Parteien gegeneinander. Manchmal wechseln die Fronten von Straße zu Straße oder Bündnisse von Woche zu Woche. Sich in der Stadt zu bewegen war und ist lebensgefährlich.

Die abgebrochene Ausbildung. Nadim weiß nicht, ob es für ihn nach über zwei Jahren Zwangspause möglich und sinnvoll ist, sein Maschinenbaustudium hier in Deutschland fortzusetzen. Er könnte es auch nicht finanzieren. Mal sehen, was die Zukunft bringt. *Inschallah* – so Gott will – einen Beruf, vielleicht auch eine Familie. Aber hier eine Frau kennenzulernen, das stellt er sich schwierig vor.

Seine syrische Familie, sagt er, sei längst zerstreut. Einige Geschwister in der Türkei, andere in Jordanien, wieder andere in Europa, wie seine älteste Schwester mit ihrer ganzen Familie. Ihr fühlt er sich noch immer besonders nah. Er war noch ein kleiner Junge, als sie heiratete. Er lacht: ein Schreckenstag, meine geliebte Schwester, plötzlich in anderen Händen. Es flossen Tränen. Aber das Fest war so aufregend, dass der Junge seinen Kummer vergaß.

Zuerst wurde ein Ehevertrag geschlossen, dann ging man zum Imam. Er spricht die Segensworte und fragt, ob Braut und Bräutigam sich auch wirklich heiraten wollen – und dann das Fest. Riesengroß, 300 bis 400 Gäste, die kamen und gingen, er verlor rasch den Überblick. Alles folgte ganz bestimmten, traditionellen Regeln. Man feierte nicht in Damaskus, sondern außerhalb der Stadt, im Haus des Bräutigams auf dem Land. Zunächst blieben alle Frauen im Haus und alle Männer draußen. Dann öffneten sich die Türen feierlich, und alle kamen zu einem üppigen Mahl und ausgiebigem Tanz zusammen. Aber die Sitten, erzählt Nadim, änderten sich, auch wenn die traditionelle Form der Heirat noch immer existiere. Zudem gebe es in Syrien Christen und Drusen, und die pflegten wieder ganz andere Traditionen. Aber, sagt er, das Chaos des Krieges werfe sowieso alles durcheinander. Die Grundlagen der Gesellschaft.

»Wie sollen jemals alle Wunden heilen?« Nadim sitzt und trinkt eine Tasse Kaffee. Keinen syrischen, frisch gebrühten, sondern deutschen Instantkaffee. Er blickt auf den Tisch und sagt: »Vielleicht ist das wie ein Zeichen: Wir haben nicht nur unsere äußere Heimat verloren, sondern auch unsere innere. Unsere Familien, unsere Traditionen, unsere Strukturen. Syrien ...« Er schüttelt den Kopf und schweigt. Dann sagt er: »Ich hoffe, dass mein zweites Leben mehr Zukunft hat. Und eine Heimat, die Geborgenheit bietet. Ich habe dafür viel gewagt. Ich bin in die Türkei geflohen, habe dort einfache Arbeiten angenommen, vom Straßenkehren bis zum Verkauf von Süßigkeiten, aber auch als digitaler Modellentwerfer virtuelle Gebäude gestaltet: zum Nachbauen von Miniaturstädten, die in Freizeitparks in ganz Europa stehen. Das Schloss Neuschwanstein und das Brandenburger Tor habe ich gezeichnet.« Sodass es en miniature nachgebaut werden kann. »Ich kannte also schon einige berühmte Bauten Deutschlands, ehe ich das Land betrat.« Und da kichert er leise: »Vielleicht werde ich ein deutscher Syrer. Oder ein syrischer Deutscher. Mal sehen.«

Im Januar 2011 feiert Rami zu Hause in Damaskus mit Familie und Freunden seinen 15. Geburtstag. Eine kleine Party mit syrischen Süßigkeiten und viel Fröhlichkeit in der Wohnung. Zur selben Zeit weitab in einer Stadt im Süden versammeln sich Menschen auf den Straßen, ein Protestzug formiert sich. Bürger Syriens fordern mehr Reformen, weniger Korruption, mehr Demokratie. Menschen in anderen Orten schließen sich an. Es folgte das im Syrien von Baschar al-Assad Übliche: Polizei und Militär fuhren auf, die Menschen, die unbewaffnet

ALTER: 19 JAHRE
FLUCHTROUTE: BALKANROUTE
BERUF: ELEKTRIKER

RAMI DER JÜNGSTE

und friedlich in der Öffentlichkeit für ihre Meinung auf die Straßen gingen, wurden niedergeknüppelt. Die allgegenwärtige Geheimpolizei verhaftete willkürlich Demonstranten, die im Gefängnis verschwanden. Viele von ihnen wurden gefoltert, andere tauchten nie mehr auf. Dass dies der Auftakt zum Bürgerkrieg sein würde, ahnten der Junge, der gerade Geburtstag feierte, und seine Familie nicht. Rami, heute 19 Jahre alt, kann sich nicht erinnern, damals überhaupt von Demonstrationen gehört zu haben. Später dann schon, als im staatlichen Fernsehen immer öfter über »terroristische Umtriebe« berichtet wurde und der Vater von »Unruhen« im Land sprach. Der Vater, daran zweifelt Rami nicht, musste es wissen, weil er als Angestellter beim Militär arbeitete, in der Verwaltung in Damaskus.

Ach, der Vater. Er starb, wie Rami sagt, an gebrochenem Herzen angesichts der Zerstörung all dessen, was er ein Leben lang aufgebaut hatte: Neben einem bescheidenen Wohlstand vor allem die Familie, die nun mitten in einem alles verwüstenden Bürgerkrieg lebte. Es war ein Infarkt.

Seinen Jüngsten, den Kleinsten von elf Geschwistern, liebte der Vater sehr und behandelte ihn wie einen Prinzen. Und Rami vergötterte den Vater. Er hatte eine besondere Stellung in der Familie. Vielleicht lag das daran, dass die sieben älteren Brüder genauso wie die drei Schwestern in besonderer Weise auf ihn achtgaben. Immerhin war der älteste Bruder schon 26, als Rami zur Welt kam. Auch, so erinnert er sich, gingen die strengere Mutter und der weichere Vater routinierter und gelassener mit den Wünschen und Flausen eines Pubertierenden um, nach all den einschlägigen Erfahrungen mit ihren anderen zehn Kindern.

Den Schulbeginn fand er furchtbar. Ein Einschnitt. Er weinte schrecklich, als die Mutter ihn in das triste Gebäude brachte, weil er Angst hatte, für immer dort bleiben zu müssen und nie mehr nach Hause zurückkehren zu dürfen. Der erste Schritt nach draußen für das Nesthäkchen. Ein Geschenk bekam er nicht, Schultüten sind in Syrien unbekannt. Ohnehin ging er ab dem zweiten Schultag ohne die Mutter zur Schule. Einer der Brüder begleitete ihn. Das war nun sein Alltag, der neue Freunde mit sich brachte. Die meisten Klassenkameraden kamen ihn zu Hause besuchen. Dann verwandelte sich der Boden seines Kinderzimmers in eine von Straßen durchzogene Landschaft, auf denen die Spielzeugautos hin und her fuhren und die Kinder davon träumten, am Steuer zu sitzen und Abenteuer zu erleben. Als er älter wurde, packte Rami einige seiner Modellautos in eine Pappschachtel, um sie aufzuheben. Was aus der Schachtel wurde? Verbrannte sie unter dem Hagel der Fassbomben? Traf es sein Elternhaus, seine Geschwister, seine Mutter? Darauf gibt er keine Antwort. Von Zerstörung und Tod will er nicht erzählen, und kann es auch nicht. Der Schrecken ist für ihn unaussprechlich, weil er traumatisiert ist, wie all die anderen, die in der ehemaligen Pension untergekommen sind. Er kämpft mit Allergien, hat Schmerzen, die der Arzt nicht zuordnen kann, und hört auf einem Ohr nicht mehr richtig. Für seine tiefsten Wunden kann er keine Worte finden. Noch nicht. Vor allem aber will er nichts erzählen, auch nicht, was ihn dazu brachte, zu fliehen, weil er fürchtet, damit seine Angehörigen in Syrien zu gefährden. Könnte doch alles, was er öffentlich sagt, bis Damaskus dringen. Assads Geheimdienst und die Agenten anderer Warlords, sagt er, haben ihre Ohren überall.

Die fackeln nicht lange, wenn sie einen erpressen können, der nun im Westen Geld verdient.

So oder ähnlich erzählen es viele, die aus Syrien geflüchtet sind und Angehörige zurückgelassen haben. Was, wenn diese zu Geiseln werden?

Erleichtert kehrt Rami in Gedanken in seine ferne Kindheit zurück. Er erinnert sich, wie er mit Freunden draußen vor dem Haus in den schmalen Gassen Fangen und Verstecken spielte. Da war alles so sorglos. Wenn er erzählt, entstehen zwei Syrien. Das vor dem Krieg mit einer fröhlichen Jugend. Und das im Krieg mit der apokalyptischen Zerstörung aller Werte.

Diese Trennung wirkt nicht nur in den Geschichten von Rami so scharf und das Chaos so groß, dass die politischen Bedingungen der Vorkriegszeit verklärt zu werden drohen. Besser noch die Diktatur als dieses Desaster: Möglich, könnte man denken, dass dies gewollt ist von all denen, die das Land mit Gewalt, Tod und Zerstörung überziehen. So könnte sich angesichts des Chaos die Angst vor der Schreckensherrschaft jedweder Diktatur relativieren. Zumindest gebe es eine Ordnungsmacht.

Rami jedenfalls will in der Sicherheit des Fremdenzimmerasyls nichts erzählen vom täglichen Leben mit Terror und Tod, sondern taucht in seine frühe Kindheit zurück, in ein ganz normales, den meisten Menschen vertrautes Leben: Seinen Großvater hat er nicht mehr kennengelernt, die Großmutter erlebte er nur als kleiner Junge. Seine inneren Bilder von ihr sind verschwommen. Die Großeltern lebten, wie die ganze Familie, in einem Dorf im Südosten, am Euphrat, der mächtig und breit dahinströmt. Die zahlreichen Verwandten blieben dort, im traditionellen Familienverband. Nur seine Eltern zogen nach Damaskus, der Arbeit des Vaters wegen, der als Staatsangestellter ein sicheres Einkommen hatte. Zum höchsten Fest des Islam, dem des Fastenbrechens, das den Ramadan beendet und drei Tage dauert, kam in Damaskus meist nur die eigene, engste Familie zusammen. Gewöhnlich feiert dieses Fest der ganze Familienverband gemeinsam, also die vielen auch entfernteren Onkel und Tanten mit all den Cousinen und Vettern. Aber die blieben im Dorf. Manchmal fuhr man raus, die Verwandten besuchen oder zu Hochzeiten, aber Rami konnte diesen großen Familientreffen nichts abgewinnen und fand das Leben am Land und im Dorf unausstehlich. Zu südlich, zu heiß, zu klein. Er blieb dann im Haus, ging nur nach draußen, um im Euphrat zu schwimmen. Das Beste war dieser Fluss. Alles andere: zum Vergessen, Verwandte hin oder her.

In den Ferien blieb er am liebsten in Damaskus, spielte Fußball in den Straßen oder auf dem Sportplatz, ging zum Baden oder traf sich mit Freunden irgendwo in der Stadt. Seiner Stadt. Manchmal fuhr er auch mit Eltern und Geschwistern zum Picknick aufs Land oder kam zu den in Syrien obligaten Grillfesten mit oder reiste mit dem Zug ans Meer, nach Latakia, lag am Strand, genoss den Sommer.

Da spricht schon der ältere, 17- oder 18-Jährige, mit Sonnenbrille, Smartphone und Kopfhörern. Der neben den einschlägigen arabischen Hits die internationalen Charts hört, sich mit seinen Freunden am liebsten zu Hause trifft, um ungestört reden zu können. Oder zum Kartenspielen, vor allem Trex, ein im Nahen Osten sehr beliebtes Kartenspiel, das man zu viert spielt und das in Deutschland kaum bekannt ist. Oder der sich hier und da mit seinen Freunden im Café in der Innenstadt verabredet und den Mädchen nachschaut und die Nargila oder Argile genießt, die arabische Wasserpfeife. In einem dieser Cafés arbeitete er, kümmerte sich um die Wasserpfeifen. Einer von vielen

Jobs, nachdem er die Schule nach dem neunten Jahr verlassen hat. Inzwischen tobt der Bürgerkrieg. Noch ist sein Viertel sicher. Geschossen und gebombt wird woanders. Wer weiß, wie lange noch. Alle leben mit dieser Unsicherheit. Viele brechen die Ausbildung ab. Auch Rami. Er hatte gehofft, die Oberstufe besuchen zu können, die ihm den Zugang zur Universität eröffnet hätte. Doch ausgerechnet er, der Jüngste, der Behütete, muss nach dem Tod des Vaters Verantwortung übernehmen. Geld verdienen. Eine Last, aber auch ein Gewinn an Eigenständigkeit und Unabhängigkeit. Er verliebt sich, hat eine Freundin. Einmal, als sie zusammen in der Stadt unterwegs sind, tauchen unvermutet die Eltern des Mädchens auf. Blitzartig reagiert das Paar, die beiden verbergen sich in einem Geschäft, bis die Gefahr vorüber ist. Es sei der gefährlichste Augenblick seines damaligen Lebens gewesen, sagt er und grinst: »Die Eltern der Freundin wären mit der Tochter, na, Sie wissen schon ...« Er überlässt es den Zuhörern, sich vorzustellen, welche Sanktionen er mit dem »Na, Sie wissen schon« meint. Und die Tradition? Er zuckt die Achseln. Zu Hause hat niemand etwas gesagt.

»Wir waren da liberal. Und wir sind niemals zusammen ausgegangen, in ein Café oder so.«

Es nahm trotzdem kein gutes Ende. Der Krieg kam auch in sein Viertel. Der Beschuss, die Bomben, die Treffer. Gebäude stürzten ein. »Das Haus in der Nachbarschaft, in dem meine Freundin mit ihrer Familie lebte, existiert nicht mehr. Die Bewohner sind alle vermisst.« Er weiß nicht, was aus dem Mädchen wurde, das er liebte. Das erzählt er ganz lakonisch, wirkt beinahe ungerührt, auch wenn er sagt, dass seine Freunde entweder tot sind oder kämpfen, auf welcher Seite auch immer, oder irgendwo in der Welt ein Flüchtlingsdasein fristen. So wie er.

Er braucht diese Distanz, die in seiner Erzählung auf einmal zu spüren ist, er verschafft sich damit Sicherheit, um den Schrecken in Schach zu halten, hier in der geordneten Umgebung seines neuen Lebens, in Deutschland. Er würde es nicht aushalten, sich das Zerbrechen all dessen, was sein Leben ausmachte, vor Augen zu führen. Deshalb erzählt er auch nicht, warum er fliehen musste, sondern sagt, er sei nach Deutschland gekommen, um zu arbeiten, um seiner Familie zu helfen, die jetzt in Not ist. Wer soll für die Mutter sorgen? Und für die Familien der Brüder, die überleben müssen, zu Hause oder in einem Flüchtlingslager? Die verheirateten, so viel älteren Geschwister sind verstreut. Bei den meisten reicht es gerade dazu, die eigenen Familien durchzubringen. Natürlich hält er den Kontakt zu ihnen und weiß, was ihnen fehlt. Er möchte als Jüngster etwas von der Liebe zurückgeben, die er empfangen hat. Deshalb will er so rasch wie möglich Geld verdienen. Mit einem der beiden Brüder, die jetzt im Libanon leben, arbeitete er als Elektriker, verlegte Leitungen in Neubauten. Ähnliche Aufgaben würde er hier auch gerne übernehmen. Er denkt über eine Ausbildung zum Elektriker nach. Dann hätte er eine Lebensperspektive. All das hat ihm der Krieg zu Hause zerstört – wie so vieles andere. Am meisten vermisst er, neben den Menschen, die er liebt, Damaskus. Irgendwann will er zurück zu ihr und wieder eintauchen in die Stadt mit ihrer ganzen Atmosphäre.

Khalid liebt Autos. Vor allem ältere Mercedes-Modelle. Sie erinnern ihn an seinen eigenen Wagen, einen gut gepflegten dunklen Mercedes 190 mit getönten Scheiben, mit dem er in Aleppo Freunde zu Spritztouren einlud oder zu einer Fahrt ans Mittelmeer, nach Latakia. Das Ziel war eine sanft geschwungene Küste mit einem breiten, von Palmen bestandenen Sandstrand und azurblauem Meer. Eine Urlaubslandschaft. Khalid und seine Freunde verbrachten hier manche Tage, lagen in der Sonne oder im Schatten unter Schirmen, tranken Cola, hörten Musik und redeten. Oder sie gingen ins Wasser, schwimmen, auch eine Leidenschaft von Khalid. Er ist ein begeisterter Schwimmer. Nahezu unbeschwerte Erinnerungen, in denen ein Hauch von mondäner Lässigkeit mitschwingt. Denn da herrschte noch Frieden, weitgehend jedenfalls. Die Unruhen hatten gerade begonnen, wenn auch nicht hier an der Küste. Heute baden dort vor allem Bewaffnete, oder sie stehen im Kampfanzug mit umgehängter Maschinenpistole im Wasser und posen mit hochgerecktem Victoryzeichen für ein Selfie. Derselbe Strand, dieselbe Landschaft – und doch ist alles anders.

ALTER: 22 JAHRE
FLUCHTROUTE: BEIRUT (LIBANON), ADANA (TÜRKEI), LESBOS (GRIECHENLAND), BALKANROUTE
BERUF: KAUFMANN

KHALID
SKYLLA UND CHARYBDIS

Khalid lebt nicht mehr in Syrien, sondern in Deutschland. Und wieder ist er in einer Urlaubsregion. Jeden Morgen fährt er wochentags mit dem Bus in die nahe gelegene Stadt zum Deutschkurs. Khalid wacht in der Pension immer sehr früh auf. Das bringt die innere Unruhe mit sich. Die kreisenden Gedanken, was überhaupt werden soll und was er beruflich machen wird – und kann. Wie seine Zukunft wohl aussieht in seinem neuen Leben, in diesem neuen Land, das er kaum kennt und das doch sein Land werden soll. Das wünscht er sich jedenfalls. Vielleicht wird er Mechaniker.

In Aleppo, dieser wunderbaren, weltoffenen Stadt, wie er gerne sagt, schien alles noch klar zu sein. Nach neun Jahren Schule übernahm er ein Geschäft, das Elektronikgeräte eines südkoreanischen Herstellers anbot. Fernseher vor allem, Smartphones und andere Geräte. Man spürt den Stolz, wenn er von seinen Verkaufserfolgen erzählt und davon, wie sehr ihm diese Arbeit Spaß gemacht hat. Die Zahlen und Zuwächse hat er bis heute im Kopf. Wenn er spätabends den Laden abschloss, kamen oft noch Freunde vorbei, und sie saßen im ersten Stock zusammen, redeten, rauchten, spielten Karten oder Domino, tranken Chai oder Softdrinks und gerne mal Wein, wie er lächelnd erzählt. Er hält kurz inne und fährt fort, gut, dass sein Vater das nie bemerkt habe, der sei sehr streng, trinke weder Alkohol noch rauche er, nicht einmal Wasserpfeife. Aber er und seine Freunde seien eben eine andere, junge syrische Generation gewesen.

Offen und tolerant hätten es die Bewohner von Aleppo schon immer gehalten, in der uralten Handelsstadt, die er auf Arabisch Haleb nennt, Bindeglied zwischen den Kulturen und Religionen. Khalid sagt: »Die Osternacht in einer syrisch-orthodoxen oder einer armenischen

Selbstverständlich bin ich mit Muslimen wie Christen der unterschiedlichsten Konfessionen befreundet gewesen.

Kirche, warum nicht?« Und danach das gemeinsame Feiern. Was für Erlebnisse: Khalid, zusammen mit seinen Freunden vor einer Kirche, inmitten von Menschen, die ihre brennenden Kerzen in der Hand halten und sich umarmen, sich auf Aramäisch, Griechisch oder Arabisch das »Christus ist auferstanden« zurufen. Und anschließend an langen Tischen tafeln. Oder er zusammen mit seinen Freunden bei dem gemeinsamen Fest, mit dem das Ende des Ramadan begangen wird, dem Îd al-Fitre. Dann werden all die süßen arabischen Köstlichkeiten gereicht oder die raffinierten Kebabs, für die Aleppo bekannt ist und die nur dort in mehr als 20 Varianten zubereitet werden. Wenn Khalid vom alten Suk, dem vielleicht berühmtesten Basar des Orients in der Altstadt, erzählt, strahlt er und sagt: »Haleb ist meine Stadt.« Es war eine gute Zeit, das ist zu spüren. Leider aber war es kein Start in eine gute Zukunft.

Es begannen Unterdrückung und Terror, Morden und Bomben. Auch Khalid sollte kämpfen. Wenn er darauf zu sprechen kommt, kann man sehen, wie sich seine Augen verengen, er die Schultern hochzieht, so als wolle er sich schützen. Er, der sonst mit so viel Offenheit und Fröhlichkeit am Leben teilnimmt, macht sich im Erzählen klein, zeigt sich mit rundem Rücken, zieht sich in sein Innerstes zurück. Ein Foto, auf dem er traurig durch eine Tür nach draußen blickt, postet er bei Facebook mit den Worten: »Khalid allein.« Auf einem Bild mit Freunden aus der Pension sitzt er etwas abseits. »Waisenkind« steht darunter. Das ist er nicht. Seine Eltern und die jüngeren Geschwister leben in Aleppo, in permanenter Gefahr. Es wird offenbar, dass er mit seiner Heimat zugleich seinen Halt verloren hat. Manchmal reicht es dann, ihn kurz in den Arm zu nehmen als Ausdruck des Mitgefühls, das sein Gefühl der Fremdheit und Einsamkeit überwindet.

Vor drei Jahren hat er Syrien verlassen. Wie viele der jungen Män-ner, die mit ihm hier Unterkunft fanden, fasste er den Entschluss: auf keinen Fall mit den Truppen, gleich welcher Partei, in einen Krieg ge-gen die eigenen Leute zu ziehen, vielleicht sogar gegen Freunde oder Familienangehörige. Die Entscheidung, sich einer dieser Kampfgrup-pen anzuschließen, gleicht der Wahl zwischen Skylla und Charybdis. Die beiden Ungeheuer verschlingen, so der homerische Epos, jeden Sterblichen, der die Meerenge durchfährt. Wer in den Mahlstrom zwi-schen den Felsen gerät, dem bleibt keine Alternative. Der Tod ist einem so oder so gewiss. In Syrien bleibt nur ein Ausweg: das Heil in der Flucht zu suchen.

Die Flucht ist ein Einschnitt. Und ein Abschied, vor allem von der Familie, die, wenn alle zusammenkamen, an die 200 Personen zählte. Aber es reichte schon, wenn er seine Tante besuchte, die er so gerne mochte, mit ihren neun Söhnen und drei Töchtern. »Alle haben immer ganz selbstverständlich beim Vorbereiten, Wegräumen, Abwaschen geholfen. Zwischendrin saß man um den Tisch, alberte herum, erzählte sich etwas, genoss das Zusammensein. Das Miteinander in der Familie lief ganz selbstverständlich, ohne besonderen Aufwand.« Er liebte die-se Momente und vermisst sie sehr.

Jetzt ist er schon Jahre fort. Wenn er das sagt, ist sie wieder da, die Traurigkeit, die seine Augen verschleiert. Zwei Tanten sind inzwischen gestorben, weil sie alt waren, nicht wegen des Krieges. Denn, sagt er, der Teil Halebs, in dem er lebte, sei nicht zerbombt worden. Dieser Teil der Stadt ist Assad-Land. Wenigstens ein Vorteil, sagt Khalid, und es klingt bitter. Denn die Stadt ist förmlich zerrissen in verschiedene

Machtgebiete: hier die Freie Syrische Armee, dort die Schiiten zusammen mit der Hisbollah und in jenem Viertel die sunnitischen Fundamentalisten. Entsprechend wird gebombt durch beinahe alle Kriegsparteien, die Flugzeuge oder Hubschrauber haben. Es gibt auch Söldner, die sich anwerben lassen, mal für den und mal für jenen kämpfen.

Wer sich entscheidet zu bleiben, erzählt Khalid, würde zum Teil zwangsrekrutiert. Und er wiederholt es noch einmal: »Es gab keine Wahl, ich konnte nur noch fliehen.« Der Vater aber wollte nicht, dass sein Sohn Haleb verlässt. Khalid entschied sich trotzdem anders. Entgegen dem Willen des Vaters zu handeln ist in einer Gesellschaft, in der das väterliche Wort alles gilt und dem alle stets Folge leisten müssen, ein mutiger Schritt. Vermutlich war das ein äußerst schmerzhafter Bruch, verbunden mit dem Wissen, von nun an aus der traditionellen familiären Bindung ausgeschlossen zu sein, die von Kindheit an vertraute Sicherheit verloren zu haben. Genaueres ist darüber von Khalid nicht zu erfahren. Doch seine Bemerkung, ein Waisenkind zu sein, spricht für sich.

Er ist auf sich gestellt. Der Freundeskreis hat sich längst aufgelöst. Die ihm nahestanden, sind verschwunden. Kämpfen in den verschiedenen Armeen, sind gefallen, ermordet, im Gefängnis, auf der Flucht, irgendwo auf der Welt. Das Gefühl von Verlust geht sehr tief. Umso größer ist die Sehnsucht, willkommen zu sein.

Weil er auf den Vater nicht mehr bauen konnte, musste sich der 18-Jährige Geld von einem Cousin borgen: 200 US-Dollar, um sich Papiere kaufen zu können, die ihn als Studenten ausweisen. Gefälschte Sicherheit bei Armeekontrollen. Damit machte er sich auf den Weg, entfernte sich von seinem bisherigen Leben und schlug sich durch in den Libanon, bis nach Beirut.

Er ist einer, der zupackt. Stillstand ist nicht seine Sache. So arbeitete er für seinen Lebensunterhalt auf dem Bau oder als Chauffeur, als Steinhauer, als Bäcker, als Maler oder in einem Supermarkt, nahm an, was sich gerade ergab. Angst zu versagen hatte er nie. Aber der Libanon sei damals teuer gewesen, erzählt er. 400 US-Dollar Miete für eine kleine Wohnung, da blieb kaum etwas übrig. Für Khalid war das kein Leben auf die Dauer. Deshalb beschloss er, einmal mehr ganz allein, über die Türkei nach Europa zu reisen. Tag für Tag legte er Geld zurück.

Monate später. Khalid steht alleine am Flughafen in Beirut, mit seinem Pass und einem Ticket nach Adana in der Türkei in der Hand und hat Angst. Angst, weil das syrische Regime auch in Beirut seine Agenten hat. »Die Geheimdienste Assads sind aktiv im Libanon«, sagt Khalid. Man kann ahnen, wie aufgeregt er gewesen sein muss. Doch alles geht gut, und etwas später steigt er in Adana in der Türkei aus dem Flugzeug.

Ein erneuter Anfang: Khalid, der Tatkräftige, lernt Türkisch und heuert als Lastwagenfahrer an. Sammelt Milch für eine große Molkerei ein, sitzt von frühmorgens bis in die Nacht am Steuer seines Fünftonners und rumpelt über türkische Landstraßen. Sieben lange Monate, bis er das Geld beisammenhat für die Weiterreise nach Europa.
1300 US-Dollar, die internationale Währung. Inzwischen hatte er wieder Kontakt zum Vater, teilte ihm mit, er plane, nach Deutschland zu gehen. Die Antwort lautete, das sei keine schlechte Idee, aber er, der Sohn, werde das Geld dazu wohl niemals zusammenbringen. Mangelndes Vertrauen, fehlende Anerkennung: Damit muss Khalid in seinem jungen Leben ebenfalls fertig werden.

Dann hat er das Geld: 1000 Dollar bekommen die Schleuser, kurz darauf folgt die nächtliche Fahrt im Schlauchboot nach Lesbos, in einem Pulk von 15 Booten. Angst vor dem Wasser, nein, die habe er nicht gehabt, weil er wirklich gut schwimmen könne, aber vor den anderen Passagieren, von denen seien ihm manche unheimlich gewesen. Es hätten ja auch syrische Agenten darunter sein können.

Da ist sie wieder, die Angst im Gepäck, die mitreist, quer über den Balkan, bis hierher, in ein Dorf in Deutschland, einem von so vielen Fluchtpunkten in Europa. So wird bei den Gesprächen auch noch in der sichersten, friedlichsten und schönsten Gegend spürbar, wie tief der tägliche Terror des Regimes in die Menschen eingedrungen ist. Ob diese verborgenen, nicht sofort erkennbaren Verletzungen bei Menschen wie Khalid je erkannt, anerkannt und berücksichtigt werden, wenn die Gründe für das Asylbegehren geprüft werden? Und: Werden sie je heilen?

ALTER: 35 JAHRE
FLUCHTROUTE: BALKANROUTE
BERUF: PFERDEZÜCHTER, PFERDETRAINER

» Ich bin wahrscheinlich in einem Pferdestall zur Welt gekommen«, lacht Aziz und legt beiläufig seinen Arm um den Hals des Hengstes neben ihm. Ein prachtvolles Tier. Aziz steht im Hof eines Gestüts, unweit der Pension. »Das hier«, sagt er, »ist jetzt mein dritter Versuch, neu zu beginnen.«

Die Biografie von Aziz ist voller Verwerfungen und Brüche, voll dunkler Geheimnisse. Die Pferde sind die einzige Konstante in seinem Leben. Als er noch ein Kind war und nahe der syrischen Berge lebte, begleiteten ihn allmorgendlich ein Pony und ein Schaf auf seinem Weg zur Schule. Die Tiere weideten draußen, solange der Unterricht dauerte, und trappelten nachmittags den ganzen Weg wieder mit ihm zurück.

AZIZ AL ZABA

DER PFERDE-FLÜSTERER

Die Menschen kannten das merkwürdige Trio, und auch in der Schule waren die drei rasch eine Selbstverständlichkeit. Der Vater hätte es allerdings lieber gesehen, wenn der Sohn mit dem Auto zur Schule gebracht worden wäre. Aziz, das Schaf und das Pony waren dagegen.

»Ich saß schon immer auf einem Pferd«, erzählt er und kann die Frage nach der ersten Reitstunde nicht beantworten. »Keine Ahnung, wann das war. Mein Onkel hat mich vermutlich in den Sattel gehoben, als ich noch nicht einmal laufen konnte. Er war der Pferdemensch. Nicht mein Vater. Der verschwand immer wieder, niemand wusste, wohin. Wir alle hatten keine Ahnung, womit er sein Geld verdiente. Aber wir konnten uns ein gutes Leben leisten.«

Aziz weiß noch, dass seine Eltern Aramäisch sprachen und dass es in dem Ort, in dem er seine Kinderzeit verlebte, neben den sunnitischen Muslimen auch Christen gab und einige wenige Juden. Nicht allzu weit weg in den Bergen lagen sehr alte christlich-orthodoxe Klöster. Berühmte Wallfahrtsorte, die auch von Muslimen besucht wurden. Ob das heute noch so ist, weiß Aziz nicht. Oder er möchte es nicht sagen.

»Ich habe dort das Schlimmste mitgemacht, was ein Mensch wohl erleben kann.«

Verwandte und Freunde sind
in meinen Armen verblutet,
vor meinen Augen gestorben.

Er zieht sein Smartphone heraus, scrollt die Fotos durch und zeigt schließlich einen in Plastik gewickelten, noch durch die milchige Folie erkennbar geschundenen Körper, der Kopf deutlich sichtbar, ein völlig entstelltes, zertrümmertes Antlitz, kaum noch als menschliches Gesicht zu erkennen. »Das war der Sohn meines Onkels, mein Vetter und zugleich engster Vertrauter. Ich liebte ihn.« Schon dieses eine Bild öffnet das Tor zur Hölle des Bürgerkriegs und vermittelt eine Ahnung von den Schrecken und Grausamkeiten, die Aziz erlebt hat. Die meisten Angehörigen tot, die Gebäude zerstört, die Pferde erschossen. »Nur mein Bruder lebt noch und ist in Sicherheit.«

Die Pferde – sie waren seit vielen Generationen mit der Großfamilie auf besondere Weise verbunden. Bereits der Ururgroßvater habe sie durch erfolgreiche Zucht veredelt. Davon wusste der Junge mit dem Pony noch nichts, aber er wuchs ganz selbstverständlich hinein in das Leben mit den Pferden. Ein sorgenfreies Leben, wie es schien. Der Vater, der oft verreist oder unterwegs war, legte Wert auf einen gehobenen Lebensstil. Vielleicht weil die Familie einst über einen gewissen Einfluss verfügte, jedenfalls besaß die Stimme des jeweils Ältesten bis in die Mitte des 20. Jahrhunderts auch politisches Gewicht in Syrien. Außerdem schien das Geld nie auszugehen. Stets war genug da, um sich vieles leisten zu können. Aziz erinnert sich, dass der Vater eines Tages schlicht verkündete, dass die Familie jetzt vom Land in das nahe Damaskus ziehen werde, wo sie ein weiteres Haus besaßen. Niemand wusste, warum das geschehen sollte, oder hätte auf eine entsprechende Frage eine Antwort erwartet. Deshalb wurde gar nicht erst gefragt. Man packte, zog um und veränderte kurzerhand den Lebensmittelpunkt. Punktum. Das schloss auch den Wechsel auf eine neue, private Schule für Aziz mit ein.

Zum Glück bedeutete der Umzug keine zu große Umstellung. Aziz lebte mit seiner Familie im Haus in Damaskus, fuhr jedoch bei jeder sich bietenden Gelegenheit aufs Land zu den Pferden. Was ihn nicht hinderte, auch Damaskus zu lieben. Fragt man, warum, antwortet er mit der Gegenfrage: Warum liebt man seine Mutter?

Aziz lacht, seine Augen sind voller Wärme. »Dimaschq – Damaskus, *Aš-Šām*, unser Zentrum, unser Mittelpunkt, unsere uralte, junge Mutter, älter als Rom, Athen, London oder Paris. Seit 6000 Jahren durchgehend bewohnt. Herz des Orients. Quelle antiker Kulturen, geistiges und geistliches Zentrum, Schnittpunkt unserer drei Weltreligionen, Ort der christlichen wie islamischen Mystik.«

Aziz begeistert sich, möchte anderen die Schönheit der Stadt nahebringen, die Stimmung, die Fülle, das Besondere, die Eigenheiten. Das ist schon am Klang seiner arabischen Sprachmelodie hörbar. Mal stiller, langsamer, dann einem Wasserfall gleich, beinahe atemlos. Ruhe und Bewegung – wie der Rhythmus der Stadt Damaskus.

Er ist ein guter Erzähler, weckt bei seinen Zuhörern das Verlangen, das alles sehen und miterleben zu wollen. Gäbe es dieses Damaskus noch, gerne würde man die Koffer packen und losreisen, um ihn zu besuchen. Hinter der Begeisterung ist Wehmut spürbar, denn Aziz spricht von einer untergegangenen Welt, die man vermutlich so niemals wieder erleben wird.

Beim Zuhören werden das Ausmaß und die Ungeheuerlichkeit dieser grenzenlosen Zerstörung fassbar: der unschätzbaren historischen Güter, der jahrtausendealten Kulturen, des friedlichen Zusammenlebens, des vielfältigen Miteinanders im gegenseitigen Austausch, der religiösen Gemeinsamkeit im Glauben; kurz: die Verwüstung aller Werte und die Zerstörung des Lebens schlechthin.

Aziz hat den Hengst in seine Box geführt. Er sitzt inzwischen auf einer Bank auf dem Hof des Gestüts, das ihm vielleicht eine berufliche Zukunft bietet. »*Inschallah*«, wie er sagt und beugt sich zu seinem Gesprächspartner hin, blickt ihn mit seinen dunklen Augen an und unterstreicht das Gesagte mit seinen Händen.

»Damaskus – die Mutter. Ich liebe alles an ihr.« Und dann erzählt er von den unterschiedlichen Menschen, die sich in Damaskus tagtäglich begegneten, von dem Duft des blühenden Jasmins, für den die Stadt bekannt war, und den Palmen, Reste einer einstigen Oase. »Das alles mischte sich mit dem Geräusch der Schritte in den engen Gassen der Altstadt, dem Hufschlag der Esel, und, jenseits der engen Altstadt, mit dem Getöse des Großstadtlärms der Dreimillionenmetropole.« Besonders liebte er, wenn sich nach Sonnenuntergang die *Allahu-akbar*-Rufe der Muezzins von den Minaretten mit dem Klang der Glocken der christlichen Kirchen vermischten, wie der Ruf einer einzigen Glaubensgemeinschaft, der dann über den Kuppeln der Stadt langsam verklungen ist. »Gott«, sagt Aziz, »wird in Damaskus von allen gemeinsam verehrt.«

»Ach«, seufzt er, »ob es das noch gibt?«, und lässt offen, was genau er meint. Sind die Gebete, die gemeinsamen Klänge verstummt? Oder der Glaube? Oder erhört Gott die Betenden nicht mehr? Eine Frage, ein Zweifel, der sich in seinem Gesicht zeigt.

Im nächsten Augenblick hellt sich sein Blick wieder auf. Jeden Donnerstag sei er mit seinem Vater, wenn der in der Stadt war, in das alte Hamam, das öffentliche Bad, gegangen. Aber was heißt schon Bad! Dieses Gebäude wirkt geradezu sakral, ein Kuppelbau, in den das Licht aus vielen kleinen Öffnungen von oben in den Raum darunter einfällt, wo die Männer auf warmen Steinen liegen und schwitzen. Stunden könne man da verbringen, und so hielt er es mit seinem Vater, mit Verwandten oder Freunden. Hamam. »Ein Reinigungsritual«, sagt Aziz, »vor dem Freitag, dem islamischen Feiertag. Das Hamam«, und er zieht das zweite, offen gesprochene »a« dabei in die Länge, »ist nichts für Eilige.« Man kann sich gut vorstellen, wie die Männer von den Badehelfern eingeseift, gewaschen und abgerubbelt werden, wie der Masseur sie durchknetet, wie Aziz in den Ruhephasen auf gekachelten Bänken sitzt, ein Glas Chai trinkt, sich mit dem Vater oder mit Freunden unterhält, Verwandte trifft und dann irgendwann über einen der Suks, der legendären Märkte der Stadt, nach Hause geht.

Aziz erzählt, wie eng Tradition und Moderne in Damaskus miteinander verflochten waren, bis zum Krieg. Draußen, im Großraum der Metropole die Betonbauten, manchmal im grauen sozialistischen Einheitsstil, mit all den Angeboten, die es überall auf der Welt gibt, den IT- und Elektronikläden, den Autohäusern, den Shopping-Malls und Billigmärkten. Das sei die internationale Seite der Stadt. Dann gäbe es noch das mauerumstandene Herz von Damaskus, den alten Kern. »Im Morgengrauen kommen die Bauern in die Stadt und treiben ihre Schafe durch die Gassen. Dazu rufen sie ›Frische Milch, frische Milch!‹, und man läuft mit einem Gefäß auf die Straße, das man den Bauern gibt und sie ›zisch-zisch-zisch‹« – Aziz ahmt das Geräusch nach und bewegt die Finger, als ob er melken würde – »füllen dir den Becher. Frischer geht es nicht. Dazu Krapfen von einem der Stände oder frische Sesamkringel, während langsam der Tag und die Stadt erwachen, ach, herrlich – das gibt es nur in Damaskus!«

Vorbei. Längst ist die Stadt aufgeteilt, von Frontlinien durchschnitten und von Zerstörung gezeichnet. Eine schwer getroffene Metropole. Alle Kriegsparteien verwüsten, was da ist. Manche Viertel sind noch leidlich unversehrt, wenigstens äußerlich; etwa dort, wo die Regierung ihren Sitz und die Assads ihre Villen haben. »Alles ändert sich beinahe täglich. Niemand weiß, was die Zukunft für die Stadt und ihre Menschen bringen wird.« Das Damaskus von Aziz lebt nur in der Erinnerung fort.

Nachdem er mit der Schule fertig war, widmete sich Aziz ganz den Pferden, dem Reiten, baute den Springsport in Syrien mit auf, nahm an Turnieren im Libanon und in Ägypten teil, gehörte zum syrischen

Nationalteam und sah darin seine berufliche Zukunft. Bis zu dem Tag, als er 2006 bei einem Unfall in Ägypten schwer verletzt wurde. »Ich blieb insgesamt ein Jahr dort, bis ich ganz wiederhergestellt war.«

Dann kehrte er nach Syrien zurück. An eine Karriere als Springreiter war vorerst nicht zu denken. Also fand er sich wieder auf dem Gestüt der Familie ein. Kaum zu Hause, ließ ihn sein Vater rufen. Aziz, gerade 25 Jahre alt, wusste, dass er als Ältester irgendwann das Oberhaupt der Familie, des Klans werden würde. Nun erklärte der Vater dem zutiefst erschrockenen Sohn: »Nicht irgendwann wirst du mein Nachfolger, sondern jetzt. Denn ich werde in den nächsten Tagen sterben.« Damit übertrug er ihm nicht nur die Verantwortung für die rund 300-köpfige Großfamilie, sondern vertraute ihm auch noch eine allen bis dahin völlig unbekannte zweite Frau mit ihren Töchtern an. »Es sind deine Halbschwestern!« Aziz solle für sie alle die Verantwortung übernehmen. »Ab sofort bist du das Oberhaupt.« Dann verabschiedete er sich von seinem Sohn, fuhr weg und starb wenig später, wie es hieß, »nach einem Treffen mit einigen Männern« in Damaskus.

Aziz erzählt dies, als würde er das Handlungsgerüst für das Drehbuch eines Thrillers vortragen. Er habe alles erst nicht glauben können, später dann einen Vertrauten seines Vaters gefragt, was wirklich geschehen sei. Er erhielt nur ein Achselzucken zur Antwort.

So sei sein Vater gewesen: undurchschaubar. Niemand habe gewusst, wer er war, was er tat. Er, Aziz, habe sich damals damit abgefunden. »Die Geheimnisse hat der Vater mit ins Grab genommen.« Dazu gehörte auch, dass er, der immer wohlhabend war, kein Geld hinterließ. War die Familie insolvent? »Nein, das konnte ich verhindern. Ich war ja jetzt verantwortlich für alles. Ich war der Manager, habe alles verkauft, was wir nicht unbedingt brauchten. Das Haus in Damaskus, Häuser anderswo, die vielen Autos. Wir zogen alle in das Anwesen auf dem Land. Dann habe ich die Pferdezucht so modernisiert, dass wir auf Dauer Gewinne machten.«

Die zweite Frau und deren Töchter nahm er in die Familie auf. Sie wurde zur »Tante«. Aziz' Mutter akzeptierte das, sagte, sie habe immer schon gespürt, dass es eine zweite Frau gebe.

Er, der ein sorgloses, behütetes Leben geführt hatte, stand vor einer gewaltigen Herausforderung, die er im Verlauf der nächsten Jahre meisterte. Der Betrieb, vom Kopf auf die Beine gestellt, warf genug ab, um allen ein gutes Leben zu ermöglichen. Das hatte seine Familie Aziz zu verdanken.

Die Fragen nach den Geheimnissen des Vaters, nach der Beziehung der Eltern zueinander blieben unbeantwortet. Ob Aziz sie sich überhaupt je gestellt hat, verrät er nicht. Wirft den lockigen Kopf bei diesem Thema leicht zurück, schnalzt mit der Zunge und sagt: »la! Nein!« Nichts dazu. Mag sein, dass die Antworten auf diese sehr persönlichen Fragen ihn und die Familie, soweit sie noch lebt, gefährden würden.

Das berührt das nächste Kapitel im Leben von Aziz. Ein Lebensabschnitt, der von Krieg und dramatischem Verlust gezeichnet ist, den er – »es tut mir gut, das alles loszuwerden« – fast in einem einzigen Fluss erzählt, als ob die Worte von selbst kämen, er sie nicht suchen müsse. Als ob ein Staudamm gebrochen wäre. Während er erzählt, spiegeln sich in seinem Gesicht Kraft, Wut, Enttäuschung, Entsetzen, aber vor allem Trauer. Seine Züge verdunkeln sich geradezu, während er von einem einzigen, unfassbaren Desaster erzählt.

Es beginnt wie anderswo im Syrien des Jahres 2011 auch an dem Ort, wo nun alle aus der Familie wohnen. Proteste Jugendlicher gegen Assad und seine Regierung, die die üblichen harten Reaktionen von Polizei und Armee zur Folge haben. Prügel, vereinzelte Scharfschützen, Verhaftungen. Drohungen. Folter. Tote. Mehrere Versuche, zu deeskalieren, an denen Aziz beteiligt ist, scheitern. Gewalt und Gegengewalt schaukeln sich auf. Es kommt zu Kämpfen, die immer massiver werden. Das Militär riegelt den Ort ab. Panzer fahren auf, schweres Gerät wird in Stellung gebracht. Ein Inferno bricht los. Fassbomben fallen. Fremde Milizen mischen mit. Drei Jahre Krieg und Gemetzel, der Ort ist von der Außenwelt abgeriegelt, und Hunger wird als Waffe eingesetzt.

Aziz lebt mittendrin, verantwortlich für seine Familie, für den Klan. Alle Verhandlungen, die Waffen zum Schweigen zu bringen, scheitern. Es gibt kein Entkommen aus dieser Hölle. Am Ende bleibt ein verwüsteter Landstrich, ein von Leichen gesäumtes Trümmerfeld. Bleiben Tausende Tote.

In der Familie von Aziz überleben nur wenige. Alles ist verloren. Die Grundlagen der Existenz zerstört. Das Haus eine Ruine. Die Stallungen verwüstet. Die Tiere tot. Die Menschen. Die Liebste. Anhaltende, tiefe Trauer. Immer wieder. Tränen stehen in Aziz' Augen. Er schweigt, steht auf, dreht sich um und verschwindet im Stall bei den Pferden.

UNGLEICHE BRÜDER

KAISAR & RIFAT

ALTER: 23 JAHRE (KAISAR), 25 JAHRE (RIFAT)
FLUCHTROUTE: BALKANROUTE
BERUF: STUDENT (KAISAR), CHAUFFEUR (RIFAT)

Die beiden Brüder scheinen nicht zusammenzugehören. Der eine ist ein großer, breiter und bärenstarker Mann, der andere ist kleiner, etwas schmaler, zurückhaltender und schweigsamer. Und doch sind sie von derselben Mutter und demselben Vater. Wie mögen, fragt man sich unweigerlich, dann die beiden anderen Brüder aussehen und die fünf Schwestern? Würden sie eher nach Rifat kommen, dem Starken, oder nach Kaisar, dem Stilleren?

Rifat ist der ältere von beiden, Mitte 20, und einer, der für jeden Scherz zu haben ist. Wenn er lacht, und das geschieht oft, ballt er seine

prankengroße Hand, verkleinert sie zu einer tatsächlich anmutig zu nennenden Faust und steckt sie ein kleines bisschen in den lachenden Mund. Eine überraschende, jungenhafte, unschuldige Geste. Mit der Unschuld allerdings ist das so eine Sache, erzählt er doch, dass er die Schule etwas früher verlassen musste, unfreiwillig, weil er immer wieder Ärger mit diversen Mitschülern hatte. Sieht man seine Statur, hatten wohl eher die Mitschüler Ärger mit ihm. Ein Kämpfer also? Da lacht Rifat wieder, ein wenig verlegen, und steckt die Faust in den Mund.

Kaisar dagegen, zwei Jahre jünger als Rifat, ist eher still, hört zu, schmunzelt hier und da über die Erzählungen seines Bruders, und manchmal liegt in seinen Augen eine Spur Ironie.

Was der Vater zu der abgebrochenen Schulkarriere sagte? Beide betonen sofort, dass er alle seine Kinder gleich liebe, aber der dunklere, stillere Kaisar sei doch der Lieblingssohn. Freitags begleitete Kaisar den Vater oft in die Moschee. Rifat dagegen nahm es mit dem Freitagsgebet nicht so genau, kam nur mit, wenn er dort Freunde oder Leute treffen wollte, die er interessant fand. Sonst war er lieber anderswo unterwegs. Auch in der Schule war Kaisar erfolgreich und wechselte nach seinem Abschluss an eine der Universitäten. Sechs Semester Psychologie, bis der Krieg das Studium beendete.

Rifat arbeitete als Chauffeur für ein Reisebüro, bis er 2011 zum Militär musste. Er fuhr schiitische Pilgertouristen aus Pakistan, dem Irak oder dem Iran zum Schrein Zainab bint Alis bei Damaskus. Zainab, deren Mutter Fatima die Tochter Mohammeds war, gilt den Schiiten als heilig, während den Sunniten diese Verehrung suspekt ist. Rifat sagt, ihm sei das egal gewesen, er habe eben Kunden chauffiert.

Kaisar und Rifat, der Student und der Chauffeur? Der Streber und der Umtriebige? Der Angepasste und der Wilde? Der Geliebte und der Abgelehnte? Gab es zwischen den ungleichen Brüdern nicht auch Eifersucht?

Beide lachen. »Natürlich«, stimmen sie zu, »gab es Spannungen, wie in jeder Familie. Auch mal Geschwisterstreit und Auflehnung.« Wie das eben so ist in Familien. Dann aber erzählen sie, dass nach arabischer Tradition der Jüngere dem Älteren stets Respekt entgegenbringen und ihm gehorchen müsse, und Kaisar erklärt, dazu erzögen die Eltern in Syrien auch ihre Kinder. Fast entschuldigend ergänzt Rifat: »Der Ältere muss ja auch die Verantwortung für die Jüngeren tragen«, und er beginnt zu lachen. Zum Glück seien drei der Schwestern schon verheiratet, und die anderen zu jung, noch Teenager, für die sei die Mutter zuständig. »Frauensache.« Da blitzt in Kaisars Blick wieder kurz die ihm eigene Ironie auf.

Aufgeteilte Zuständigkeiten und festgelegte Rollen. Das lässt sich beobachten, wenn Rifat für andere in der ehemaligen Pension kocht. Insbesondere wenn Gäste eingeladen sind, was häufig geschieht. Kommt man in der Mittagszeit vorbei und zwei oder drei der Bewohner stehen draußen, winken sie den Gast herein, und es tönt im Chor: »Willkommen! Bitte! Essen!« Nimmt man die Einladung an, heißt das, dass man das Abendessen streichen kann. So herzlich und freundlich wird man empfangen und so üppig bewirtet. Syrische Gastfreundschaft. Rifat ist der Koch, er steht am Herd, umweht vom Dampf der Gerichte wie ein löffelschwingender, lorbeerbekränzter Küchengott. Mit lauter Stimme gibt er Anweisungen, und sein Bruder Kaisar und die anderen jüngeren Männer gehen ihm zur Hand, räumen weg, schneiden klein, spülen ab. Derweil entströmen den Töpfen die Düfte diverser arabischer Zutaten, und im Ofen schmoren Hühnerbeine, die später auf wohlriechendem und köstlich schmeckendem Gewürzreis serviert werden. Lobt man den verschwitzten Koch dann und sagt, wie gut seine Speisen schmecken, erscheint sein Jungenlachen. Kochen – ist eigentlich nicht Männersache. Fragt man Rifat, woher er das kann, antwortet er ernst: »Das habe ich beim Militär gelernt.«

Rifat, der Starke, musste zur Armee. Das war, ehe der Krieg begann und sie noch in Ar-Raqqa wohnten, einer Stadt im Osten Syriens, am Euphrat. Daesch, wie sie das fundamentalistische Terrorregime nennen, hat dort sein Hauptquartier eingerichtet und Ar-Raqqa zur Hauptstadt des selbsternannten Pseudostaats erklärt. Deshalb fällt es den beiden Brüdern schwer, unbelastet über ihre Kindheit oder Jugend dort zu sprechen: das Baden im Fluss, die Murmeln, die man sich gegenseitig abjagte, die Basketballspiele und Fußballturniere auf den Straßen. Es ist, als hätte sich über diese Erinnerungen ein Schatten gelegt. Sie sprechen von einer verschwundenen Welt, wenn sie von der Schulzeit erzählen, in der der stille Kaisar am selben Pult zu sitzen kam, in das sein wilder Bruder zwei Jahre zuvor seinen Namen eingeritzt hatte. War die Schulzeit schön? Kaisar nickt, und seine dunklen Augen blicken einen Moment wie verschleiert. Trauer über eine vergangene

Zeit. Er sei, sagt Rifat, gerne ins Café oder zum Tanzen gegangen und habe dort mit den Mädchen geflirtet. Da lacht er dann doch, und im Gesicht seines Bruders taucht für einen Augenblick wieder der verschmitzte Ausdruck auf. Zählen doch solche Erlebnisse im traditionellen Syrien zu den eher wilden Eskapaden eines jugendlichen Lebens. Beinahe hätte Rifat geheiratet – nicht wie es die Tradition vorsieht. Er verliebte sich in eine der jungen Frauen. Leider endete diese Beziehung in großem Kummer. Dann musste der Ältere, der ja nicht studierte und deshalb keinen Aufschub bekam, ohnehin zur Armee.

Bald darauf, Ende 2011, begannen die Proteste und der Bürgerkrieg, und zwei Jahre später eroberte Daesch das ganze Gebiet und setzte sich in Ar-Raqqa fest. Die Stadt hatte die Familie schon vorher verlassen, als sich abzuzeichnen begann, was geschehen würde. Eine Flucht innerhalb Syriens. Sie verließen alles, was ihnen vertraut war. Die große Voliere auf dem Dach zum Beispiel, in der Rifat über 100 Vögel verschiedenster Arten hielt, die er hingebungsvoll hegte und pflegte. Was für ein Bild, wenn diese zarten Wesen, zahm geworden, sich auf seine großen Hände setzten.

»Wir zogen«, sagt Kaisar, »nach Damaskus. Aber langsam veränderte sich das Viertel.« Immer mehr schiitische Kämpfer der Hisbollah und der Revolutionsgarden, von Assad aus dem Libanon und dem Iran zu Hilfe gerufen, quartiere das Regime hier ein. »Das isolierte uns«, ergänzt Rifat. Die angestammten Bewohner wurden vertrieben, mit Drohungen und, wenn das nicht fruchtete, mit Gewalt. Man hat, berichten die beiden, vor unserer Haustür Feuer gelegt und auch vor der unserer Eltern, denn wir wohnten nebeneinander. Ein klares Signal: Verschwindet! Und: Nehmt euch in acht! Zwar diente Rifat noch immer beim Militär und war auch in Kampfhandlungen verwickelt, aber die jüngeren Brüder nicht.

Keinen Konflikt mit der Staatsmacht. Vor allem, sagt Kaisar, unter keinen Umständen zur Armee. Er wolle in keinen Kampf verwickelt werden, auf niemanden schießen müssen. Er holt sein Smartphone und zeigt die Bilder von zerfetzten Körpern, zerschmetterten Köpfen, von Leichen, in Plastikfolie gehüllt: Es sind Freunde, Verwandte, verletzt, verstümmelt, erschossen. Es sind schockierende Fotos, die doch nur eine Ahnung des ungeheuerlichen Schreckens vermitteln, den die durchleben mussten, die in die Armee gezwungen wurden, und damit an die Seite des Regimes. »Wir wollten nicht kämpfen, für keine Seite. Am wenigsten für Assad und seinen Klan.« Die überall gegenwärtigen Spitzel des Geheimdienstes werden dies mitbekommen und weitergegeben haben. Jedenfalls sind sich die Brüder sicher, dass es Assads Schergen waren, die die Brandanschläge auf ihre Häuser ausführten. Diese Aktionen trugen deren Handschrift. Was für ein Gefühl der Ohnmacht muss das gewesen sein.

Also Syrien verlassen? Eine weitere Flucht an einen sicheren Ort, der Zukunft verspricht? Die Eltern baten, drängten sie, befahlen es ihnen. Man kann sich gut vorstellen, wie die Familie zusammensaß und sich beriet, nächtelang nach der besten Lösung suchte, wie die Betroffenen immer wieder miteinander sprachen oder telefonierten. Aber die Brüder hatten Bedenken. Beide waren inzwischen verheiratet. Rifat hatte nach seiner unglücklichen Liebe die Schwester eines Arbeitskollegen kennengelernt, sich verliebt und noch in Ar-Raqqa Hochzeit gefeiert. Ende 2014 wurde er Vater eines Sohnes. Zu dieser Zeit kamen auch Kaisar und seine Frau zusammen: Sie stammt aus dem weiteren Kreis der Familie, und die Eheschließung erfolgte auf traditionelle Weise.

Nach Monaten fiel die Entscheidung. Die Brüder flohen zusammen und unter für sie traumatischen Umständen bis nach Deutschland. Die Angst ist längst zu einem Teil ihres Lebens geworden: Kein erkennbares Porträt, bittet Rifat, und nicht den echten Namen nennen und, bitte, verändert die Ortsnamen. Beide fürchten, dass in Syrien jemand aus der Verwandtschaft von Assads Geheimdienst als Geisel genommen werden könnte, um die Familie zu erpressen. So etwas ist zurzeit offenbar ein lukratives Geschäftsmodell in Syrien. Manche der Geiseln sind nie zurückgekehrt.

> Wir sind ja nicht als Touristen gekommen, sondern um unser Leben zu retten und unsere Frauen und Kinder, die in höchster Not sind, dort herauszuholen.

Kaisar und Rifat treten vor die Türe und blicken ins Land. Sie waren schon in Deutschland, als Kaisars erstes Kind in Syrien zur Welt kam, es ist ein Mädchen. Er hat seine Tochter noch nie gesehen, nur ein Foto von ihr auf dem Smartphone. Sie sind froh, hier zu sein, und fühlen sich aufgehoben. Aber ihr Herz ist in Syrien geblieben, eines Tages möchten sie wieder zurück. Eines Tages. »Darum kreisen unsere Gedanken ständig. Denn ohne Familie, was ist da der Mensch?«

AL AHMAD

DER ENKEL DES SCHEIK

ALTER: 23 JAHRE
FLUCHTROUTE: TÜRKEI, GRIECHENLAND, BALKANROUTE
BERUF: BÄCKER

Der Vater hatte es gut gemeint. Er wollte nicht monatelang von seiner Familie getrennt in einer gesichtslosen Unterkunft leben, wie so viele syrische Gastarbeiter im reichen Saudi-Arabien, und nur den Urlaub zu Hause verbringen. Also nahm er die Familie mit. Drei Jahre. Drei bedrückende Jahre, erinnert sich Al Ahmad heute. Er war neun, als sie in das fremde Land kamen, und zwölf, als sie die Zelte dort abbrachen, um wieder in die kleine Stadt am Euphrat zurückzukehren, in die Heimat der Familie. Das war 2005.

Saudi-Arabien: ein anderes Land, eine andere Kultur. Er erinnert sich an die unerträgliche Hitze in Riad. Nachts kühlte es kaum ab. Man schwitzte, ob nun die brennende Sonne ihre Bahn zog oder Mond und

Sterne am nächtlichen Himmel standen. Al Ahmad hatte Heimweh. Er durfte dort nicht aus dem Haus, nicht auf der Straße spielen. Zu gefährlich. Seine Eltern hatten Angst um ihn, sie sagten, hier, in dem fremden Land, sei man nicht sicher. Er vermisste seine Freunde, seine Verwandten, das Haus am Euphrat mit den Tieren, den Stausee, in dem man schwimmen konnte. In Syrien konnte jeder hingehen, wohin er wollte, zu jeder Zeit, auch die Frauen. In Saudi-Arabien war daran nicht zu denken. Die Mutter, gewohnt, sich frei zu bewegen, musste ebenfalls im Haus bleiben. Al Ahmad freute sich, dass die Zeit am Persischen Golf dann rückblickend doch rasch zu Ende ging.

Für Al Ahmad war es ein Fest, als sie wieder dorthin zurückkehrten, wo alle Verwandten lebten. In das Haus mit dem Hof und den Ställen. Er begrüßte alle Tiere, die Hasen, die Hühner, die Schafe und Ziegen, besonders die Hunde freuten sich, sprangen wedelnd und bellend

Mein Großvater war das Zentrum unserer Familie. Er galt im weiten Umkreis als Respektsperson, er war ein Scheik, noch ganz in der alten Tradition verhaftet.

umher, und die Katzen strichen den Heimkehrern um die Beine. Den Eseln gab Al Ahmad einen Begrüßungsklaps. Natürlich kam anlässlich ihrer Rückkehr die Großfamilie zusammen. Wie viele sie waren, weiß er nicht mehr, schätzt, es müssen wohl mehr als 100 Personen gewesen sein. Wenn Al Ahmad von seiner Heimat spricht, meint er weit mehr als den Ort selbst. Heimat ist für ihn zugleich das Verwobensein mit der Familie, innerhalb des Klans. Hier ist seine Familie seit Generationen zu Hause. Die Eltern und die Onkel und Tanten, die vielen Vettern und Cousinen. Eine weitverzweigte Familie. »Meinen Großvater«, erzählt Al Ahmad, »habe ich zwar nicht mehr kennengelernt, denn er starb lange vor meiner Geburt. Er hatte vier Frauen und viele Kinder und noch mehr Enkel und Urenkel. Kaum zu zählen.« Al Ahmads

Eltern haben ihm Fotos von diesem offenbar eindrucksvollen Mann gezeigt, wie er, ganz traditionell gekleidet in Burnus, dem langen Mantel, und Kufiya, dem Kopftuch, in einem Sessel sitzt und ernst und würdevoll in die Kamera blickt. Diese Aufnahme ist in Al Ahmads Elternhaus entstanden, in dem großen Empfangsraum, in dem sich täglich bis zu 200 Menschen, manchmal noch mehr, versammelten. Sie wurden mit arabischem Kaffee bewirtet und brachten dort ihre Anliegen vor, das konnten etwa Bitten oder Streitigkeiten sein, die der Großvater dann regelte, ihnen entsprach oder nicht und damit den Zwist beendete. Oder er gab Ratschläge oder sorgte für Hilfe. An seine Anweisungen und Schiedssprüche waren die Menschen gebunden. Nach dem Tod des alten Scheiks in den 1980er-Jahren übernahm sein Sohn, einer von Al Ahmads Onkeln, diese Aufgabe. Er ist aber kein Scheik mehr im alten traditionellen Sinne, sondern Jurist, der auch im europäischen Ausland, in Frankreich, studiert hat.

Wenn Al Ahmad von seinem Großvater erzählt, klingt das vielleicht im ersten Moment wie eine Episode aus einer orientalischen Erzählung, so, als ob sich das Geschehen vor 100 oder 200 Jahren abgespielt hat. Doch durch Al Ahmads Bericht aus der familiären Vergangenheit wird deutlich, wie sich Tradition und Moderne im gesellschaftlichen Leben Syriens in der zweiten Hälfte des 20. Jahrhunderts verknüpften. Der Scheik steht für das alte, über Generationen bewährte System, menschliches Zusammenleben zu ordnen. Sein Sohn, der Onkel von Al Ahmad, repräsentiert das moderne Syrien. Der Jurist lehrt an der Universität in Aleppo. Jedenfalls war das noch so, als Al Ahmad das Land im frühen Herbst 2015 verließ.

»Da war in unserem Ort schon fast alles zerstört«, sagt er, und dass der Onkel ohnehin während des Bürgerkriegs nicht mehr kommen konnte, um im Ort nach dem Rechten zu sehen. »Es wäre lebensgefährlich für ihn gewesen.«

Die Fundamentalisten von Daesch hatten mit ihren Kämpfern die von Bergen gesäumte, fruchtbare Ebene rund um den großen Stausee besetzt. Deshalb wurde der Ort bombardiert. Von allen, die über Flugzeuge verfügen. Von den Russen, den Amerikanern und ihren Alliierten, von der syrischen Luftwaffe – wer eben Bomben werfen und Raketen abfeuern konnte. Häuser sanken in Schutt und Asche. Ausgerechnet der Saal, in dem sein Großvater Streitigkeiten geschlichtet hatte, damit wieder Frieden einkehrte zwischen den Menschen, wurde zerstört. Was sich bewegte, wurde beschossen. Ob Mensch oder Tier. »Es ist alles zu Bruch gegangen: das Anwesen mit dem großen Empfangssaal, mein Elternhaus, die Werkstatt meines Vaters – alles zerschossen, zerbombt, in Flammen aufgegangen. Nichts ist geblieben. Wir haben alles verloren, selbst die Tiere, diese völlig unschuldigen Wesen, die ich so liebte, wurden getötet.«

Die Eltern leben jetzt in einem Nachbarhäuschen, die Dusche ist noch intakt, in der Küchenwand klafft ein Loch. Ein Granatentreffer. »Na ja, vielleicht eine gute Entlüftung«, sagt Al Ahmad in einem Anflug von Sarkasmus. Und dann nur zwei Wörter: »Der Krieg.«

Nach einem Moment des Schweigens kehrt Al Ahmad aus der Trauer zurück in die Erinnerung an friedlichere, glückliche Zeiten. Erzählt in seiner bedächtigen Art, dass sein Vater ein Abschlepp- und Autotransportunternehmen hatte, mit einer Werkstatt und einem Lager. Ein wahrer Abenteuerspielplatz. Mit den alten Reifen rodelten er und seine Freunde in der Nähe Sanddünen hinunter. Oder sie spielten, dass einer von ihnen ein Polizist ist und der andere ein Autofahrer, der kontrolliert wird. Meist gab es dann wilde Verfolgungsjagden. Die Reifen besorgten sie sich abends aus der verlassenen Werkstatt. Sie nahmen sich, was so herumlag. Erst mussten die schwarzen Pneus abgewaschen werden, und wer einen Bridgestone hatte, war stolz, weil die als etwas Besseres galten im Vergleich zu den syrischen Reifen. Oft standen sie dem Polizisten zu. Außerdem spielten sie Spiele, die die meisten Kinder wohl überall in der Welt kennen: »Es gab in den Häusern und Höfen die schönsten Verstecke. Oder wir bauten Bahnen für unsere Murmeln. Wir hatten eine glückliche Kindheit.« Man spürt, wie sehr sein Herz an dieser Heimat hängt. An seinen älteren Geschwistern, an den Freunden, von denen allerdings kaum noch einer lebt. Und natürlich an seinen Eltern, die er liebt. An den Vater, der sich aufarbeitete für die Familie. Voller Respekt erzählt er davon, wie er oft den ganzen Tag unterwegs war, durch das ganze Land, und manchmal erst frühmorgens zurückkam, um erschöpft ins Bett zu fallen und zu schlafen.

»Mein Vater«, sagt Al Ahmad, »war ein mitfühlender und trotz seiner harten Arbeit weicher Mann. Wenn er entdeckte, dass mal wieder Reifen verschwunden waren, pflegte er mit strenger Stimme zu fragen:

»Wer war das?« Und wenn Al Ahmad zugab: »Ich«, antwortete er nur resigniert: »Warum tust du mir das an? Du musst sie zurückbringen!« Dann nickte der kleine Sohn ernst und schuldbewusst, wartete kurz, bis der Vater um die Ecke war, und dann spielten er und seine Freunde weiter mit den Reifen. Der Vater war Wachs in den Händen des Jüngsten, der heute meint, sein Vater habe seine Töchter und Söhne wie Freunde behandelt und nicht wie Kinder. »Er war nicht autoritär. Wenn sie aus irgendwelchen Gründen Ärger machten, kamen dem Vater manchmal die Tränen. Er wollte keinen Streit.« Ausgleichend, gütig und vermutlich nachgiebig.

Al Ahmads Erzählungen nach könnte der Vater das Gegenbild zum strengen Großvater gewesen sein, der als Scheik mit vier Frauen, vielen Kindern und geschätzt über 100 Enkelkindern wahrscheinlich immer etwas unnahbar geblieben war. Der Vater dagegen versuchte, seinen Kindern alles zu ermöglichen und zu geben, was er konnte. Sie sollten auf nichts verzichten müssen. Dafür rackerte er sich ab, arbeitete von morgens bis spät in die Nacht, bis ihm die Kraft ausging. Immer stärker bekam er in seinem Geschäft die Auswirkungen der wirtschaftlichen Krise zu spüren, in die das Land zu Beginn des 21. Jahrhunderts hineintaumelte. Sommerliche Dürreperioden und entsprechende Missernten führten zu Versorgungsengpässen. Immer mehr Familien verarmten. Geschäfte rund um die in Syrien so teuren Autos konnte sich kaum noch jemand leisten.

Al Ahmad hatte damals, 2010, gerade eben die Schule beendet. Er wollte unbedingt mithelfen, Geld zu verdienen, um den Vater zu entlasten. »Auf keinen Fall, kommt nicht infrage«, weigerte der sich. Also beschloss der Sohn, heimlich in den Libanon zu gehen, um dort zu arbeiten. Seine Mutter besorgte ohne Wissen des Vaters die nötigen Papiere. Kaum vorstellbar, dass dies in Syrien geschah, darf doch in traditionellen Familien die Frau in wichtigen Fragen nie ohne Wissen und Erlaubnis des Mannes entscheiden. Seine Mutter, sagt Al Ahmad, sei immer eine wirklich starke Frau gewesen.

Der Sohn machte sich ohne Einverständnis des Vaters auf den Weg nach Beirut. Kaum war Al Ahmed angekommen, rief sein Vater ihn schluchzend an und fragte, warum um Allahs willen – *fi sabil alllah* – er denn fortgegangen sei. Ob er, der Vater, ihm denn nicht genug gegeben habe? Seine Mutter, sagt Al Ahmad, habe ihm später erzählt, wie sie den Vater beruhigt und ihm zugeredet habe, er solle den Sohn doch arbeiten lassen. Er wolle auf eigenen Füßen stehen und sein Leben in die Hand nehmen, und das müsse man doch unterstützen.

Die Abnabelung: ein ungewöhnlich intimer Einblick in die nicht ganz alltägliche Dynamik einer durchaus traditionellen syrischen Familie. Nicht nur der Großvater, auch Al Ahmads Vater trug oft Burnus und Kufiya.

So reiste der junge Mann nach seinem Schulabschluss in den Libanon und verdiente vier Monate lang Geld mit Hilfsarbeiterjobs. Bis zu dem Tag, an dem ein Anruf kam, er möge zurückkehren, sein Bruder sei bei einem Autounfall schwer verletzt worden. Ein Bein werde wohl steif bleiben. Aber, so Gott will – *alhamdulillah* –, werde alles andere wieder im Laufe der Zeit.

Ursprünglich hatte Al Ahmad gehofft, sich nach der Zeit im Libanon weiterbilden zu können und so die Grundlage für eine Karriere zu schaffen. Nun aber galt es, zu helfen und zu arbeiten. Die Familie brauchte Geld. Der Vater arbeitete wieder in Saudi-Arabien und musste sich dort einer Herzoperation unterziehen. Der Bruder hatte ein kleines Geschäft gehabt und fiel jetzt wegen des Unfalls auf längere Zeit aus. Beide Krankheitsfälle und die allgemeine Verschlechterung der Wirtschaftslage in Syrien belasteten die Familie finanziell auf das Äußerste.

»Wir waren wirklich in Not.« Al Ahmad ließ sich in einer Großbäckerei anstellen. Sein Gehalt reichte für das tägliche Leben, aber nicht, um die Operation des Vaters zu bezahlen. Deshalb mussten sie sich eine erhebliche Summe von Verwandten leihen.

Der Bürgerkrieg. Al Ahmad erzählt, die Familie habe angesichts der finanziellen Ungewissheit, der Kriegswirren und der zerstörten Heimat beschlossen, ihn nach Europa zu schicken, um dort Geld zu verdienen und die Eltern und Geschwister zu unterstützen. Um die Reise nach Deutschland bezahlen zu können, verkauften sie ein Stück Land, ein Teil ihrer Notreserve. Der entscheidende Grund aber, sagt Al Ahmad, warum er diesen so gefährlichen Weg über die Türkei, das Meer, Griechenland und den Balkan genommen habe, sei ein anderer. Es falle ihm sehr schwer, darüber zu sprechen. Die Terroristen von Daesch hatten ihn, als er in einer Arbeitspause in der Bäckerei draußen eine Zigarette rauchte, verschleppt und misshandelt. Nach einem Tag schrecklicher Ungewissheit ließ man ihn laufen, nicht ohne wüste Drohungen. Es waren die schlimmsten Stunden seines Lebens. Was er in dieser Zeit erlebt, gesehen und gehört hat, will und kann er nicht erzählen. Auch nicht, was seinem Vetter geschah, der ebenfalls in die Fänge der Terrorkrieger geriet. Zudem wartete die Armee. Er hatte den Befehl erhalten, sich sofort zu melden. Man wollte ihn in den Kampf schicken, wie alle jungen Männer. »Das Regime ist nicht zimperlich in der Wahl seiner Mittel.« Ein Leben zwischen Bedrohung, Not und Tod. Al Ahmed blieb nur die Flucht. Nun ist er in Deutschland, in Sicherheit, und jeden Tag in Kontakt mit seinen Eltern, die immer noch in ihrem halb zerstörten Haus leben. Sein Vater habe wieder Herzschmerzen.

»Ich auch«, sagt er dann, »aber auf eine andere Weise.« In diesem Augenblick stehen ihm der ganze Schrecken und das durchlebte Leid ins Gesicht geschrieben, all der Horror, den er in so jungen Jahren schon gesehen hat, und die große Sehnsucht danach, in einer wärmenden familiären Umgebung aufgenommen zu werden. Davon träumt er, und davon, denen zu Hause mit seiner Arbeit, egal welcher, helfen zu können. Und von einer Ausbildung. Und vom Frieden in Syrien.

ALTER: 22 JAHRE
FLUCHTROUTE: TÜRKEI, GRIECHENLAND, BALKANROUTE
BERUF: LANDWIRT

Quneitra: Den Namen dieser Stadt verbinden diejenigen, die ihn kennen, mit Bildern von Krieg und Zerstörung. Im Sechstagekrieg im Juni 1967 erobert die israelische Armee die Golanhöhen, die durchzogen waren von einem ausgedehnten Bunkersystem, von dem aus ihre knapp 1000 Meter tiefer liegenden Siedlungen von der syrischen Armee nach Belieben unter Beschuss genommen werden konnten. Die Stadt Quneitra liegt heute immer noch zerstört und verlassen da und wird von der United Nations Disengagement Observer Force (UNDOF) zusammen mit der syrischen Polizei kontrolliert. Ihre Überreste wurden zu einem Erinnerungsort für beide Seiten, für Sieger wie Besiegte, und Teil der Propaganda. Je nach Sicht der ehemaligen Kriegsparteien steht diese Geisterstadt für Sieg, Heldentum, Schmach und Niederlage, Vergeltung oder Bedrohung.

Für Bashir bedeutet Quneitra etwas ganz anderes. Er meint damit die Gegend, die Landschaft und damit auch die Dörfer im Umkreis. Hier war er zu Hause, kennt er jede Straße, jeden Weg, seit frühesten Kindertagen. Quneitra – für ihn steht dieser Ortsname für sein Leben

BASHIR KRIEG DEN HÖFEN

und seine Geschichte. Hier wurde er geboren, ist
er inmitten seiner Familie auf einem Bauernhof aufgewachsen.

Die Tränen treten ihm in die Augen, wenn er über
den Ort spricht. Wird er je wieder mit den Schafen
und Ziegen über die weite Hochebene ziehen, durch
strohiges Sommergras, beim ständigen Klang ihrer
Glöckchen? Die Tiere mit seinen Pfiffen und Rufen
locken? Wird er den Geruch der wilden Kräuter in der
Bergluft noch einmal schmecken können? Je wieder
Majoran, Thymian oder Salbei sammeln, wie es ihm
seine Großmutter zeigte? Er denkt an den Vater, der
mit ihm die vielen versteckten Wege durch die Weite
der vom Wind zerzausten Hochebene abging. Blickt
er aus dem Fenster seines Fremdenzimmers, sind da
andere Dörfer, oberbayerische, und Apfelbäume. Die
gab es auch in seinem hoch gelegenen Dorf. Aber er
vermisst den betörenden Duft blühender Orangen
und Zitronen und das Rascheln der silbrigen Olivenbäume, manche davon alt und knorrig, andere von
ihm oder seinen Eltern und Großeltern gepflanzt. Sie
hatten kein großes Gut, sondern nur einen kleinen
Hof, auf dem alle helfen mussten: neun Brüder und
drei Schwestern. Er war der Mittlere, er gehört in die
Mitte seiner Geschwister. Er liebt sie alle gleich, sagt
er, aber zu einer Schwester und einem Bruder habe er
ein ganz besonderes Verhältnis.

Er kümmerte sich um die Tiere, hütete, fütterte
und tränkte sie und mistete aus. Schon im Morgengrauen stand er auf
und ging um fünf Uhr in den Stall. Danach lief er zu Fuß zur Schule,
etwa sieben Kilometer, Sommer wie Winter, bei Hitze oder Kälte,
manchmal durch tiefen Schnee. Er ging gerne in die Schule, weil es
ihm Freude machte, zu lernen, und der Lehrer, der auch aus seinem
Dorf kam, sehr nett war. Er war keiner von denen, der die Kinder militärisch drillte, sondern war fröhlich und weckte auch mit Späßen die
Lust am Lernen. »Wir waren Kinder«, sagt Bashir, »und so hat er uns
auch behandelt, spielerisch, freundlich und trotzdem streng. Die

Schule dauerte bis in den Nachmittag hinein, mittags aß jeder, was er dabeihatte. Manchmal brachten wir Kinder unserem Lehrer Selbstgebackenes von zu Hause mit.«

Bashirs Liebe zur Natur ist ihm auch als Erwachsener geblieben, und er war auch später gerne mit den Tieren allein. Vielleicht spricht er deshalb nicht viel, ist hier in der Fremde gerne für sich. Es scheint, als ob er etwas von der Ruhe der spröden Landschaft in sich trägt, in der er lebte. Er wirkt älter, als er ist, mit seinen gerade mal 22 Jahren. In seinem Dorf halfen ihm einige seiner Brüder bei der Arbeit auf dem

Hof. Andere suchten sich ihr Auskommen woanders, in anderen Dörfern, in der nächsten Stadt. Der Hof, den Bashir, so gut er es vermochte, führte, nachdem die Eltern nicht mehr konnten und an ihn übergeben hatten, konnte nicht alle ernähren. Die Schwestern heirateten, zogen aber nur ein, zwei Dörfer weiter weg. Die Geschwister haben den Kontakt zueinander nie verloren und sich, solange das möglich war, auch besucht.

Schon früh, er war gerade 15 geworden, hatte ihm der Vater die Verantwortung für die Olivenbäume überlassen, vielleicht wegen seines besonderen Gespürs für die Natur. Man kann sich gut vorstellen, wie der junge Mann beim Schnarren der Zikaden unter dem silbernen Blattgewirr steht und die Erde lockert, Steine und Felsbrocken klaubt und sie zu kleinen Mauern aufschichtet, die den Wind abhalten sollen, der hier oben häufig über die Hochebene pfeift. Auch müssen die Bäume beschnitten werden, damit sie gut tragen, das erfordert viel Erfahrung, ebenso wie die Ernte: Man breitet Tücher unter der Baumkrone aus, pflückt die Oliven per Hand, schüttelt oder schlägt sie mit Stöcken aus Zypressenholz vorsichtig vom Baum. Mit dem Tuch oder einer Art von Sieb trennt man Zweige und Früchte voneinander. Die Oliven brachte Bashir anschließend zur Olivenpresse des Dorfes. Wichtig für die Qualität, sagt er, sei der richtige Zeitpunkt, wie auch die Art der Ernte, mit der Hand oder dem Stock. Die Olivenpresse gehörte dem Dorf, und das Olivenöl war bester Qualität.

Warum »gehörte« und »war« – ist das alles Vergangenheit? Bashir antwortet auf diese Frage nicht, schüttelt nur den Kopf. Wieder treten ihm Tränen in die Augen.

Man kann das besser verstehen, wenn man liest, dass die Dörfer um Quneitra wieder einmal Kampfzone sind. Dieses Mal Bürgerkriegsgebiet. Zunächst war seine Familie nicht direkt betroffen. Bashir war 18 Jahre alt, lebte noch im Dorf und kümmerte sich um die Schafe. Dann aber kam der Geschützdonner immer näher.

Seitdem kämpfen die sogenannten »Rebellen« gegen die syrische Armee Assads, und etliche andere Parteien mischen mit. Seine Heimat ist zu einem Schlachtfeld geworden, in dem Panzer und Granaten, Raketen und Haubitzen zerstören, was Menschen wie Bashir in Generationen aufgebaut haben. Mal erobern die einen und dann wieder die anderen Hügel oder Dörfer, die als strategisch wichtig gelten. Die

Bilder, die kursieren, gleichen, wie alle Fotos aus dem syrischen Krieg, einem Blick in die Hölle und zeigen, wie ungeheuerlich Menschen verrohen.

Bashir schweigt eine ganze Weile, bis er sich wieder gefasst hat. Zwei Brüder seien erschossen worden. »Das Dorf ...« Er bricht erneut ab. Man kann nur erahnen, was geschehen sein könnte. Er hat noch Kontakt zur Familie. Telefoniert mit ihnen, vor allem mit seiner Frau. Ja, er ist verheiratet. Die Hochzeit. Das ist ein Thema, bei dem er seine Sprache wiederfindet.

Für eine Hochzeit kleidet sich jeder besonders, auch traditionell in Tracht und Goldschmuck. Vor dem Krieg bedeutete das immer ein riesiges Fest, mit Musik und Tanz, das drei Tage lang dauerte. Meist begannen die Feierlichkeiten bereits am Donnerstag, der Freitag war

Wir haben uns ineinander verliebt. Das war sehr romantisch wie auch die Hochzeit – trotz des Krieges.

der zentrale Festtag, der Tag des Gebets und des Besuchs der Moschee. An diesem Tag wurde die Ehe gesegnet. Nach Kriegsausbruch, als Bashir heiratete, kamen nicht so viele Gäste. Etwa 150 Menschen, eine für dortige Verhältnisse eher kleine Hochzeit. Seine Frau stammt aus einem Nachbardorf, sie ist die Schwester der Frau seines Bruders. »Als ich sie sah, dachte ich sofort: Die ist es.« Eine Woche später schickte er, wie die Tradition es will, seine Mutter und seine Schwestern zu ihrer Familie, die in seinem Namen um die Hand der Tochter baten. Als auch die Auserwählte zustimmte, galten sie als verlobt. Deshalb konnten sie sich von da an jeden Tag sprechen, einen Monat lang, um sich kennenzulernen.

Aber ihre gemeinsame Zeit war begrenzt. Die Armee wollte ihn.
»Das war für mich undenkbar! Krieg führen gegen die eigenen Leute!«
Es blieb nur die Flucht über die Türkei und Griechenland. Im späten
Herbst machte er sich auf den Weg. Ohne seine junge Frau. »Das wäre
viel zu gefährlich gewesen! Sie war schwanger!«

Inzwischen ist ein Sohn zur Welt gekommen, sein Kind kennt er nur
von Fotos. »Es ist das Licht in meinem Herzen.« Als die Nachricht und
das Bild seines neugeborenen Sohnes über das Smartphone kamen,
war er schon in der ehemaligen Pension einquartiert. Dort haben alle
gemeinsam mit Süßigkeiten das Kind gefeiert. So, wie das in Syrien
üblich ist.

Der Abschied von Syrien war schrecklich für ihn. Aber es blieb
ihm keine Wahl. Die Gründe, warum er sich auf den gefährlichen Weg
nach Europa machte, behält er für sich. Er hofft, seine Familie nach-
holen zu können, und wünscht sich sehnlichst, dass der Krieg aufhört.
Ob er irgendwann auf seinen Hof, zu den Olivenbäumen und den
Schafen bei Quneitra zurückkehren wird, weiß er nicht.

DIE STADT DER FLÜCHTLINGE

HASSAN

Hassan ist ein stiller Mensch, der zurückgezogen lebt. Er ist ein Einzelgänger, der in seinem Zimmer bleibt und dort, sagt er, viel lese. Am Leben in der ehemaligen Pension nimmt er kaum teil. Manchmal taucht er kurz auf, begrüßt einen freundlich und mit Wärme und verschwindet ebenso rasch wieder. Hassan kommt aus dem Nordosten Syriens, aus der Stadt Qamischli, die, so schätzte man 2003, immerhin um die 200 000 Einwohner hatte. Wie viele heute dort wohnen, weiß niemand. Zu viele Menschen sind als Flüchtlinge in diese Stadt gekommen oder haben sie wieder verlassen – je nach militärischer Lage. Hassan ist Kurde. Er wurde vor 23 Jahren dort geboren, ist in Qamischli aufgewachsen, wo sein Vater einen Fleischerladen hatte. Hassan erklärt, die Geschichte der Stadt sei von Beginn an eng mit dem Thema Flucht und dem Schicksal von

ALTER: 23 JAHRE
FLUCHTROUTE: BALKANROUTE
BERUF: STUDENT

Flüchtlingen verbunden gewesen, so wie er jetzt einer sei. Aber, so fährt er fort: »Ich habe die Stadt verlassen, während andere gekommen sind.«

Der Ort wurde 1926 von Assyrern gegründet, von Christen, die noch heute die Sprache Jesu, Aramäisch, sprechen. Sie waren nach heftigen Pogromen zu Beginn des 20. Jahrhunderts aus dem Osmanischen Reich nach Osten geflüchtet, in Gebiete des heutigen Syriens, wie auch rund 4000 Armenier dort eine neue Heimat fanden, Überlebende des Völkermords zwischen 1915 und 1917, ebenso jene Christen, die die Wellen der Verfolgung durch das Osmanische Reich überlebt hatten. Es gab lange auch eine jüdische Gemeinde in der Stadt, deren Mitglieder vor allem Kurdisch sprachen. Aber die Mitbewohner jüdischen Glaubens wanderten nahezu alle nach Israel aus. Auch viele Christen haben in den letzten Jahren die Stadt aus Angst vor den islamistischen Kriegern des »IS« und anderen fundamentalistischen Kämpfern verlassen. Andere haben Milizen gebildet, um sich und ihre Heimat zu verteidigen. Geblieben sind vor allem die Kurden und mit ihnen die Sprache: Kurdisch ist heute, neben Arabisch, die Alltagssprache der Bewohner von Qamischli.

Für Hassan gehörte die Vielfalt der Sprachen, Religionen und Kulturen zum täglichen Leben, und er liebte die alljährliche Weihnachtsbeleuchtung in den Straßen und die geschmückte Stadt zum kurdischen Neujahrsfest Nauruz im Frühling. Selbst das Thema Flucht war ihm vertraut, die Großeltern kamen nach Verfolgungen aus der nahen Türkei, wie so viele kurdische Freunde der Familie.

»Jetzt«, sagt Hassan, »ist die Flucht für mich auf einmal Realität geworden, die ich früher nur aus Geschichten kannte, die ich von anderen hörte. Jetzt bin ich selbst ein Flüchtling.«

Hassan erlebte alles mit: den Beginn des Bürgerkriegs, die Kämpfe aller möglichen Gruppierungen gegeneinander, die wechselnden Bündnisse, die Autobomben und Selbstmordattentate, den Krieg gegen Daesch, als »IS«-Kämpfer die Stadt von verschiedenen Seiten immer wieder angriffen. Hassan sah die Toten, die Erschossenen, sah die kurdischen Kämpferinnen und Kämpfer, nahm an den Begräbnissen der Gefallenen auf dem Friedhof der Märtyrer teil, der stetig erweitert werden musste, hörte die schrillen Klageschreie der Frauen, wenn die Leichname in die Erde gebettet wurden. »Ich bin Kurde, und dazu stehe ich hundertprozentig. Aber mit einem offenen Herzen allen

Menschen gegenüber, egal, woher sie stammen, welcher Religion sie zugehören oder ob sie Atheisten sind.«

Diese Haltung hat er sich bewahrt, trotz des Chaos im öffentlichen Leben seiner Heimatstadt. So hatten 2015 die Kurden in der Stadt zwar Strukturen geschaffen, wie eine eigene staatliche Verwaltung, mit eigenen Schulen und eigener Polizei. Aber dauernd sei gekämpft worden, und zwar von allen, in wechselnden Bündnissen. Gruppen von Christen, die noch dort lebten, hätten Milizen gebildet, die gegen den »IS«, aber nicht gegen das Assad-Regime kämpften, dessen Militär den nahen Flugplatz besetzt hielt. Waren sie mit dem Assad-Regime verbündet? Hassan antwortet, dass dies völlig unüberschaubar gewesen sei, als er im Herbst 2015 Qamischli verließ. Es habe aramäische Christen gegeben, die Assad ablehnen und dann doch gegen Daesch gemeinsam mit dem Militär kämpften. Das Militär wiederum, also die reguläre syrische Armee, habe seinerseits gegen die kurdischen Milizen gekämpft, die ihrerseits wiederum Daesch bekämpft hätten und damit denselben Gegner wie das Militär.

Was also sollte Hassan tun, mitten in diesem Chaos? Kein Wunder, dass er sich zwischen allen Fronten dieses Bürgerkriegs sah. Fronten,

die in dieser Stadt auf engstem Raum verlaufen. Er bekam eine Aufforderung, sich zum Dienst bei der YPG, der »Kurdischen Armee in Syrien«, zu melden. Und die Assad-Armee schickte ihren Einberufungsbescheid. Sie wurden ihm kurz hintereinander zugestellt. Es blieb ihm, wie so vielen jungen Männern in Syrien, keine Wahl. Töten oder getötet werden, das in jedem Fall – aber auf welcher und für welche Seite? Seine Heimat: Kriegsgebiet. Also wohin?

Hassan sitzt vor der ehemaligen Pension und versucht Klarheit zu bekommen, seine Haltung zu formulieren und sagt »Als Kurde trete ich für die Freiheit ein, die wir endlich haben wollen. Aber nicht so. Nicht mit Gewalt. Das hat keine Zukunft.«

Hassan wählte, schweren Herzens, den gefährlichen Weg nach Europa. Über das, was ihm auf der Flucht über die Balkanroute widerfuhr, spricht er nicht. Auch nicht über seine Angehörigen, von denen er sich trennen musste. Denn in Qamischli, dem Kampfgebiet, blieben die Geschwister und die Eltern zurück. Dort sind all die Orte der Erinnerung: die Schule, die Cafés, der Buchladen, der Markt, die so eng mit seinem Leben verbunden waren. Er erwähnt das nur, skizzenhaft, führt nichts aus, hält sich bedeckt, wenn es um persönliche Erinnerungen geht, um Bilder, gar um die alten Freunde, die verschwunden sind, vielleicht irgendwo kämpfen, oder geflohen sind, oder gestorben. Er weiß es nicht. Mehr sagt Hassan nicht. Zurückgeblieben ist vielleicht auch eine Freundin – aber dazu schweigt er. Das ist ihm zu intim. Wie er auch nichts Näheres von seiner Familie erzählt, von der er jetzt getrennt ist. Er wolle nichts riskieren. Sie auf keinen Fall gefährden. »Ich liebe meine Eltern und habe meinem Vater in der Metzgerei geholfen«, das sagt er schon, und dass er traurig sei, nie wieder mit ihm die Schafe zu schlachten, sanft und mit geübtem Schnitt. »Und ich bedaure es, nicht mehr gemeinsam mit ihm im Laden zu stehen und das Fleisch zu verkaufen, das wir gemeinsam zerteilt und gesäubert haben.«

Es ist seine, Hassans, Biografie, die seines ersten Lebens. Er lässt es am Rand der kargen Berge im Nordosten Syriens zurück, dieses Leben. Auch sein Studium an der Universität in al-Hasaka. Damals, als er ein Jahr lang Ökonomie und politische Wissenschaften studierte. Dann brach der Krieg aus. Für diese Fächer brennt er immer noch. Fern der alten Heimat liest er nächtelang auf seinem Smartphone Fachliteratur zu seinen Studienfächern, auf Arabisch und, wenn vorhanden, auch auf Kurdisch, etwa Karl Marx' Schriften, die für ihn dazugehören. Ihn interessieren gesellschaftliche wie wirtschaftliche Zusammenhänge. Er beschäftigt sich mit Themen wie Neoliberalismus, auch wenn das, wie er hinzufügt, ein Modebegriff geworden sei, genauso wie mit der Analyse und Kritik am derzeit herrschenden kapitalistischen Wirtschaftssystem. »Unbedingt«, antwortet er auf die Frage, ob er sein Studium hier fortsetzen wolle. »Das ist mein größter Wunsch.« Dafür verzichtet er in seinem Fremdenzimmer auf alles andere, keine Ausflüge, kaum Sport. Arbeiten würde er gerne, um sich die Universität leisten zu können.

Der zweite große Wunsch ist es, seine Familie wiederzusehen. Seine Schwestern, Brüder und Eltern sowie die entfernteren Verwandten. »Ich habe mit ihnen meine Kindheit geteilt, gespielt, mich gefreut, Entsetzliches erlebt und gemeinsam getrauert.« Da spürt man einen Moment seine Gefühle. Ob er zurückkehren würde? Hassan überlegt kurz. »Wenn Frieden herrscht, vielleicht.«

Dann sagt er, mit einer Handbewegung, als wolle er die Erinnerungen wegwischen:

 Das war mein voriges Leben.
Jetzt beginnt ein neues.

Was er dazu braucht? Das, was allen Menschen wichtig ist: »Menschliche Wärme und Nähe.« Das Gefühl, nicht verlassen, sondern auf Dauer willkommen zu sein. Nicht ausgegrenzt und verwaltet zu werden, sondern an- und aufgenommen zu sein als Mitmensch. Das gilt für alle, die in den Fremdenzimmern eine vorübergehende Bleibe gefunden haben. Vielleicht entsteht dann nach und nach ein Gefühl von neuer Heimat. Das wäre der Beginn von Integration.

Salem steht im Herzen Aleppos auf einer mächtigen Ringmauer, die auf einem Hügel das Häusermeer überragt. Mit dem Rücken zur Stadt blickt er auf die befestigte Anlage mit ihren Bauten. Vor ihm liegt auf unterschiedlichen Ebenen eine sandfarbene Kuppellandschaft, die ihm so vertraut ist. Er mag die bescheidenere Abraham-Moschee, deren Gewölbe anmutiger ist als die Kuppeln der anderen, der Großen Moschee, wie sie alle nennen, mit ihrer Aussichtsterrasse

ALTER: 39 JAHRE
FLUCHTROUTE: BALKANROUTE
BERUF: GESCHÄFTSFÜHRER EINER TEXTILFABRIK

SALEM WELTERBE

und dem 20 Meter hohen Minarett. In der Nachbarschaft wölben sich Dächer mehrerer kleiner Gebäude. Sie dienten einst als osmanische Wohnquartiere und sind heute durch schmale Treppen und gepflasterte Wege verbunden, auf denen man zu antiken Bauten und Ruinen gelangt. Archäologen haben hier gegraben, haben prähistorische Reste eines antiken Wettergott-Tempels freigelegt. Von Salems Standpunkt aus gesehen etwas seitlich versetzt führt eine breite, moderne Treppe hinab in die Stadt und passiert dabei ein wahres Meisterwerk islamischer Baukunst: ein ebenso mächtiges wie imposantes Tor.

Sie ist ein historisches Wahrzeichen, in dem sich die Geschichte von Orient und Okzident aus vier Jahrtausenden manifestiert: die Zitadelle von Aleppo. Haleb, wie die Stadt von den Syrern genannt wird. Aleppo ist der italienische Name, den sie erst im 13. Jahrhundert erhielt, wegen des Handels mit Europa, insbesondere mit Venedig, damals auf der Höhe seiner Macht. Da bestand Haleb schon seit über 3000 Jahren. Vorgeschichtliche Quellen der Hethiter erwähnen 1800 Jahre vor Christus bereits die Existenz einer Siedlung namens »Chalab«.

Salem weiß genauestens Bescheid, kennt diese Geschichten. Er liebt die Stadt, in der er geboren wurde. Er findet, sie sei eine »Königin«, der man seine Reverenz erweisen müsse. Beinahe jeden zweiten Tag sei er hoch zur Zitadelle gegangen, weil einer seiner besten Freunde, ein Historiker und Archäologe, dort sein Büro hatte. Wo würde man sich lieber miteinander verabreden als an der schönsten Stelle der Stadt, die einem dort zudem noch zu Füßen liegt?

Die Zitadelle ist weltberühmt und gehört wie die Altstadt seit 1986 zum UNESCO-Weltkulturerbe, genauso wie die Umayyaden-Moschee, der große historische Suk oder der Basar Halebs, allesamt Touristenattraktionen. Letzterer sei, schreiben die Reiseführer, einer der schönsten und farbigsten Märkte des Orients.

Salem, der bisher in das Innere der gewaltigen Zitadelle geblickt hat, dreht sich um. Jetzt liegt das helle Häusergewirr der Stadt vor ihm. Es scheint wie ein chaotisches Geflecht bis zum Horizont zu wachsen. Einige moderne Hochhäuser akzentuieren den Blick inmitten von ungezählten würfelförmigen Gebäuden unterschiedlicher Höhe, neben- und vor- und hintereinander gestaffelt, ohne erkennbare Ordnung, als levantinische, südliche Stadtlandschaft. Zwischen den Flachdächern ragen die Kuppelgewölbe der Moscheen und Kirchen auf und dazwischen, wie Ausrufungszeichen, die schlanken Minarette und Kirchtürme. Aleppo von oben.

»Mein Haleb.« Salem seufzt. »Was ist daraus geworden.« Schon lange hat er nicht mehr auf der großen Mauer gestanden, die die Zitadelle umschließt. Er sitzt in seinem Zimmer in Deutschland. Das ist jetzt seine Gegenwart. Das andere sind Bilder der Erinnerung.

Der Freund und Archäologe, ob er noch lebt? Salem weiß es nicht. So wenig, wie er weiß, ob ein anderer guter Freund noch am Leben ist. Er war Zahnarzt von Beruf und nahm ihn, ehe er sich auf den gefürchteten Stuhl legte, immer in ein Café um die Ecke mit, wo sie ein Glas Wein tranken. »Damit ich mich anschließend entspannter von ihm behandeln ließ.« Das Viertel, in dem sich die Praxis befand, gleicht jetzt einer Geisterstadt. Alles Ruinen.

Sein eigenes Haus, in dem er mit seiner Frau und den fünf Kindern lebte, liegt ebenfalls in Trümmern. Mit seiner Familie, die nicht auf die gefährliche Flucht mitkommen konnte, spricht er täglich. Zwischen dem Vater in Deutschland und seinen Liebsten in Syrien liegen 3000 Kilometer. Wenigstens ist es trotz dieser Distanz dank digitaler Technik möglich, sich zu sehen. So rät oder tröstet er, liebt und ängstigt sich – aus der Ferne. Salem kann nichts versprechen, nur hoffen und glauben und, vielleicht auch, beten.

Die Familie ist irgendwo nördlich von Aleppo in einem Dorf untergekommen. Doch Sicherheit gibt es auch dort nicht. In einem der Gespräche erzählt der fünfjährige Sohn am Telefon: »Baba, heute habe ich einen Mann auf der Straße liegen sehen, stell dir vor, der hatte keine Arme mehr ...« Was soll ein Vater darauf antworten? Und was soll er sagen, wenn die Kinder fragen, wann er sie denn endlich herausholt aus dieser Hölle des Krieges, so, wie er es versprochen hat? Soll er ihnen erzählen, dass man sich in dem Land, das ihn aufgenommen hat, inzwischen vor nachfolgenden Familien aus Syrien fürchtet? Er ist zur Untätigkeit verdammt. Hilfloser kann man kaum sein.

Manchmal findet Salem keine Worte, um auszudrücken, was er empfindet. Nicht einmal auf Arabisch. Salem macht die Zerstörung aller menschlichen Werte immer wieder sprachlos. Dann zieht er sich zurück, kommt nicht aus seinem Zimmer, nicht aus sich heraus in eine Welt, die ihm fremd ist.

Er, der doch für die Öffnung Syriens, für Humanität und Menschenrechte demonstriert hat und in Haleb auf die Straße gegangen ist, sich zeigte, wohlwissend, wie gefährlich das werden könnte unter Assad und seinem Regime. Er habe immer davon geträumt, in einem Syrien ohne Korruption und ohne Unterdrückung zu leben. »Als wir uns versammelten, haben wir alle zusammen demonstriert und Schilder hochgehalten, auf denen stand: ›Wir sind nicht bewaffnet!‹ Trotzdem hat uns das Regime als Terroristen beschimpft, hat bezahlte Provokateure und Kriminelle geschickt, die uns beschossen, unsere Frauen geschlagen, verhaftet und vergewaltigt haben.« Das war die erste Stufe,

die Zerstörung der inneren Werte. Des Kerns aller Kultur. »Danach
wurden dann auch die Bauwerke von den Bomben der Kriegsparteien
verwüstet.« Die äußere Kultur. Die kann man – vielleicht – wieder auf-
bauen. Aber die inneren Werte? »Das wird«, sagt Salem, »Generationen
dauern.«

Er mochte sein Leben in Aleppo. Auch wenn es nicht immer einfach war. Salem verklärt weder die politische noch die eigene Vergangenheit. Als er zehn Jahre alt war, starb der Vater nach längerer
Krankheit. Die Mutter versuchte, so gut es ging, auch noch den Part
des Vaters zu übernehmen. Sie ging arbeiten. »Das tat sie schon, als
mein Vater krank wurde. Wir brauchten jeden Cent. Sie sorgte für alles,
kochte und bewirtete alle, wenn wir Gäste hatten oder uns Angehörige
besuchten.« Zwar waren die drei älteren Schwestern bald verheiratet
und aus dem Haus. Das Geld reichte dennoch nicht. Deshalb mussten
seine beiden Brüder, Zwillinge und vier Jahre älter als Salem, ihre
Schule abbrechen, um ebenfalls Geld zu verdienen und die Familie
zu ernähren. Der eine der beiden übernahm die Vaterrolle für den jüngeren Bruder. »Er war wirklich wie ein Vater für mich. Und er machte
etwas aus sich. Mit gerade mal 14 hat er angefangen, beim Verkauf von

Lebensmitteln zu helfen. Ein Jahr später hatte er schon sein eigenes Geschäft. Er hat unglaublich hart gearbeitet, oft bis tief in die Nacht hinein. Er war es, der mich großzog, der, neben meiner Mutter, die Familie zusammenhielt, der immer wieder zu mir sagte: ›Ich konnte die Schule nicht beenden, aber dir will ich das unter allen Umständen ermöglichen.‹«

Salem lebte ein unbeschwertes Leben, spielte häufig mit seinen vielen Vettern, die um die Ecke wohnten, Fußball. Wenn er von dieser Zeit erzählt, wirkt er gelöst, dann blitzt aus seinen Augen manchmal etwas Schalkhaftes, besonders wenn er sich über etwas lustig macht. Doch die meiste Zeit wirkt Salem ernst und in sich gekehrt, reagiert sensibel auf Menschen. Für Salem ist es schrecklich, als Bittsteller aufzutreten, er lässt sich nur ungern einladen und legt großen Wert darauf, Einladungen zu erwidern. Egal, wie misslich seine Lage sein mag. Vielleicht hängt das mit seiner Biografie zusammen. Weil er als kleiner Bruder immer nur annehmen und kaum etwas geben konnte. Sorgte doch der Ältere stets für ihn. Er gab ihm Geld, auch wenn Salem das überaus peinlich war und er das Geschenk verweigerte. Dann steckte es der Bruder ihm heimlich in die Hosentasche oder die Jacke, nachts, wenn Salem schlief, und erklärte ihm am nächsten Morgen: »Salem, du brauchst dich nicht zu genieren, ich bin dein Bruder und gebe dir das Geld gerne.« Sein Bruder, erinnert sich Salem, hat sich nur selten etwas zum Anziehen gekauft, gab stattdessen alles für ihn aus. Er war ein sehr großzügiger Mensch.

Geschenke zu empfangen ist oft schwierig für die Männer hier in der Pension. Sie kommen meist mittellos und wollen so rasch wie möglich finanziell und auch sonst unabhängig werden. Ihre innere wie äußere Hilfsbedürftigkeit empfinden sie als Ohnmacht, und das ihnen selbst aus Helferkreisen immer wieder vermittelte Gefühl von Unterlegenheit verletzt sie. Sie fühlen sich ausgeliefert. Salem, der dafür ein besonderes Gespür hat, deutet in Gesprächen manchmal an, wie unangenehm es sei, wenn man anstelle von partnerschaftlicher Freundschaft das Gefühl habe, verwaltet zu werden. »Wir sind auf Hilfe angewiesen«, sagt er, »und wir sind sehr dankbar für alles. Manchmal ist es jedoch beschämend, wie ein Unterlegener, ja, fast wie ein Kind behandelt zu werden.« »Herablassend« würde er es wohl nicht nennen. Dazu wäre er zu höflich.

Der Bruder als Vater. Er wollte, dass aus Salem etwas Besonderes wird. Tragischerweise ist er mit Anfang 30 bei einem Verkehrsunfall ums Leben gekommen und konnte nicht mehr erleben, dass der Jüngere Erfolg hatte, ohne Studium, weil er sich die Universität nicht leisten konnte, sondern Geld verdienen musste.

Salem, das Multitalent, der die Schule, deren militärischen Drill er hasste, mit der Hochschulreife abschließt, arbeitet in allen möglichen Sparten, ist handwerklich sehr geschickt und verdient damit sein Geld. Er lernt, wie ein Restaurator Holz so zu bearbeiten, dass es antik wirkt. Er hat schon immer gerne gelesen, bildet sich weiter, wird Einkäufer, Verkäufer, kann mit Geld umgehen und gut wirtschaften, macht sich mit Buchhaltung vertraut und beginnt, im Büro einer Textilfabrik zu arbeiten, die Kunstfasern für Kleidung herstellt, die für den Export in die Türkei bestimmt ist. Nach einigen Jahren übernimmt er nicht nur die gesamte Buchhaltung, sondern wird Geschäftsführer der Firma. »Salem al Abbas, Manager«. So stand es vermutlich auf seiner Visitenkarte. Er führte die Firma am Stadtrand Aleppos nicht nur zu Beginn des Bürgerkriegs durch die syrische Wirtschaftskrise von 2011, sondern schaffte es sogar, während der Monate der verheerenden Bombardements durch Assads Luftwaffe noch Gewinne zu erwirtschaften.

Und dann erzählt er, dass die Fabrik noch in anderer Weise eng mit seinem Leben verbunden ist. Salem sitzt auf dem Bett in seinem Zimmer, der Tag draußen ist grau, feucht und etwas nebelverhangen, man kann nicht weit sehen. In den Nachrichten war die Rede von wieder aufgeflammten Kämpfen und Bombardements in und um Aleppo und von Verhandlungen um eine erneute Waffenruhe. Salem hat wenig geschlafen, man sieht es ihm an. Die Sorge um die Familie treibt ihn um. Bis spät in die Nacht hat er telefoniert. Wieder einmal kreisen seine Gedanken darum, wie er seine Frau und die Kinder aus dem Kriegsgebiet heraus- und zu sich holen könnte. In die Sicherheit des bundesrepublikanischen Alltags. Alle legalen wie illegalen Wege hat er immer wieder durchdacht, aber eine Lösung findet er nicht, so viel er auch recherchiert.

Wo denn seine Familie jetzt ungefähr sei? Salem bleibt die Antwort zunächst schuldig, beginnt von der Zeit davor zu erzählen. Er holt weit aus, möchte jetzt loswerden, was er hinter all seiner Beherrschtheit immer mit sich herumträgt. Die Last der Erinnerung ablegen. Plötzlich

fließt aus ihm heraus, wofür er sonst keine Worte findet. Nur manchmal unterbricht er das Gespräch, steht auf und geht kurz raus vor die Türe, um eine Zigarette zu rauchen. Sagt entschuldigend: »Ich weiß, dass es unhöflich ist und zudem ungesund. Aber ich habe gerade nicht die Kraft damit aufzuhören.« Er hat den Raum noch gar nicht wieder ganz betreten, da spricht er schon weiter.

»Unsere Familie wurde in alle Winde zerstreut. Manche sind geflohen, etliche gelten als vermisst, vermutlich sind sie tot. Das alles geschah gleich zu Beginn des Krieges. Ich habe die Familien der Vermissten mitgenommen, als es in unserem Viertel zu gefährlich wurde, sie in den Straßen zu schießen begannen und die ersten Bomben fielen. Es war eine selbstverständliche Pflicht, sie nicht allein zu lassen. Wir zogen alle an einen vorerst sichereren Platz. Einige hatten schon da alles verloren. In der Zeit gab es zwar kaum Aufträge für die Fabrik, und ich hatte kein Einkommen, aber das habe ich weder gesagt noch gezeigt. Vielmehr habe ich mir Geld geliehen, und dann sind wir los, 30 Personen, in ein Dorf am Stadtrand von Aleppo. Es waren außer mir ausschließlich Kinder und Frauen, die auf die Rückkehr ihrer Männer warteten. Ich habe dort alles organisiert, so, als ob es keinen Krieg gäbe. Wir sind in der Fabrik untergekommen, die ich da noch leitete. Das waren mehrere Gebäude, so hatten wir genug Platz. Zu diesem Zeitpunkt gehörte dieses Dorf noch nicht zum Kampfgebiet. Nach unserem Umzug dorthin liefen die Geschäfte dann auch kurze Zeit wieder besser. Ich verdiente wieder etwas. Das war wie ein Geschenk Gottes.«

Er tritt wieder vor die Türe, zündet sich eine Zigarette an. Ein anderer der syrischen Bewohner stellt sich zu ihm. Beide rauchen. Erst schweigend. Dann fragt der andere offenbar nach der Lage in Haleb. Ein schneller Wortwechsel auf Arabisch folgt. Die Gegend ist trotz des verhangenen Wetters voller Schönheit. Mit Salems Worten dringt plötzlich der Schrecken in die stille Landschaft vor. Dann übersetzt er. Sie hätten über Fassbomben gesprochen, die die Assad-Armee aus ihren Hubschraubern abwirft. Über Haleb gerade wieder. Man könne sich kaum vorstellen, was das bedeute. Es sei die Hölle. Drei Fässer hintereinander, gefüllt mit Sprengstoff, Benzin und Metallteilen. »Erst wird eine Bombe abgeworfen, danach rennen die Menschen herbei, um den Verletzten zu helfen. Mit dem nächsten Fass zielen sie auf die herbeigeeilten Helfer, und das dritte Fass trifft schließlich die schon zerstörten Häuser, damit auch die Verschütteten noch ermordet werden. Der reinste Terror.« Er macht eine Pause, zieht an seiner Zigarette, schüttelt den Kopf.

»Diese Bilder! Sie verfolgen mich. Wir sind immer hingelaufen, um zu helfen. Das war die Hölle. Man zieht an der Hand eines Menschen, von dem man annimmt, er sei unter dem Schutt begraben, will ihn befreien. Auf einmal hält man einen abgerissenen Arm in der Hand. Der Rest des Körpers liegt woanders. Wir können uns nicht retten. Wir haben keine Bunker. Wenn ich hier in Deutschland in den ersten Wochen einen Helikopter hörte oder Flugzeuglärm, bekam ich Panik. Und das geht allen so.«

Er drückt die Zigarette aus und geht wieder in sein Zimmer. Er möchte noch auf die Frage antworten, wo denn jetzt seine Frau und die fünf Kinder sind. Nicht mehr in der Fabrik, denn irgendwann drang der Krieg auch bis dahin vor: »Es begann mit einem Trommelfeuer. Ich sehe mich noch im Obergeschoss stehen, weil ich Empfang für mein Smartphone brauchte, der nahe Sendemast war zertrümmert.«

Ich sah die Angst in den Augen meiner Kinder.

»Ich blickte aus dem Fenster und sah alles ... hörte das Schießen ... die Raketen ... Meine Tochter stand hinter mir. Es war noch eine Familie bei uns, um die wir uns kümmerten. In einer Feuerpause rannten wir raus, ich konnte das Auto starten, und wir flohen. Ich habe so etwas noch nie gesehen: die flüchtenden, um ihr Leben rennenden Frauen und Kinder, dazwischen die Toten in ihrem Blut mit aufgerissenen Bäuchen oder abgerissenen Gliedmaßen oder Köpfen – ein Inferno. Es gelang uns schließlich, ein Dorf zu erreichen, in dem ein Verwandter lebte. Dort waren wir erst mal sicher. Später haben sie auch dieses Dorf beschossen. Sie trafen zwei Häuser. Von denen war nichts mehr übrig. Nichts mehr zu sehen … auch nicht von den Familien, die darin lebten.«

Er schweigt einen Moment und fährt dann fort: »Irgendwann gewöhnt man sich daran, Tag für Tag beschossen zu werden. Aber es ist anders, wenn ich nicht vor Ort sein kann und sich meine Frau und meine Kinder in Lebensgefahr befinden, während ich selbst hier in Sicherheit bin. Sie leben noch immer in dem Dorf. Ich bin in beständiger Sorge, ob es ein Entkommen für sie gibt, eine Zukunft?«

Salem sieht erschöpft aus. Das Wetter hat aufgeklart. Er zieht sich seine Jacke an und geht nach draußen, um frische Luft zu schnappen, sich zu bewegen und die Trauer zu lindern. Er geht rasch die Straße über den Höhenkamm entlang. Schweigt.

Dann beginnt er doch wieder zu erzählen, von den Menschen in Syrien, in Haleb, der so offenen Stadt. Nicht nur wegen der zahlreichen Touristen, die die Zitadelle besuchten oder denen man im Suk begegnete. Auch weil sich hier so viele Kulturen und Religionen vermischt hätten. Miniröcke, klar, die gab es im Christenviertel. Und Priester aller Glaubensrichtungen. Die Vielfalt der Sprachen – Griechisch, Aramäisch und das Latein der Priester. Die Armenier, die so ein lustiges Arabisch gesprochen hätten. Und die Kurden und ihre Sprache. Man brauchte sich nur in eines der vielen Kaffeehäuser zu setzen, seine Augen aufmachen und den Menschen zuzuhören. »Wir waren immer eine Handelsmetropole, eine Schnittstelle zwischen Orient und Okzident.«

Man möchte Salem um eine Führung durch die unversehrte Stadt bitten, durch die ungezählten Medresen, Moscheen und Kirchen beinahe aller christlichen Konfessionen, in das legendäre Hamam al-Labadiya, ein Bad aus dem 13. Jahrhundert, oder in die ehemaligen Karawansereien oder in eine der berühmten Olivenöl-Seifensiedereien. Wahrscheinlich würde er seine Gäste dann auch nach Hause einladen, denn das Leben der Familie spielte sich mehr dort als in der Öffentlichkeit ab. Immer kamen Verwandte vorbei. Salem erzählt, dass zum Fest des Fastenbrechens am Ende des Ramadans bei ihnen im Hause manchmal 50, 60 oder gar mehr Personen zusammenkamen. Alle wurden großzügig bewirtet, für alle wurde gebacken oder gekocht.

Das war die Aufgabe seiner Frau. Die Rollenverteilung innerhalb ihrer Familie ist ganz traditionell.

Auch der Weg, wie seine Frau und er zusammenkamen: Sie wurden füreinander bestimmt. Die Ehe beschlossen sein Vater und der Vater seiner Frau. Da war Salem gerade eingeschult worden und seine Frau, eine entfernte Cousine, die nebenan wohnte, lief noch auf wackeligen Beinen als Kleinkind durch die Wohnung. »Wir wussten schon als Kinder, dass wir zusammengehören, und wir mochten uns auch.« Als sie Hochzeit hielten, war er 21, sie 17 Jahre alt. Salem hätte lieber später geheiratet, aber die Eltern setzten den Termin fest. Der Respekt gebot es, ihnen zu gehorchen. Bereut haben die Brautleute es nicht: »Wir konnten später aus vollem Herzen sagen, dass wir zusammengehören und uns lieben. Sicher hat diese Tradition auch ihre Nachteile, manchmal werden Frauen, aber auch Männer gezwungen, jemanden zu heiraten, den sie nicht mögen. Das ist untragbar. Aber für uns war die traditionelle Vermittlung ein Glücksfall. In Syrien kommen Ehen auch längst wie in Europa zustande, man verliebt sich und heiratet. Ob das besser funktioniert?«

Tatsächlich kann man die Familie nicht mehr in Aleppo besuchen. Das Stadtviertel, in dem ihr Haus stand, ist Teil einer Ruinenlandschaft. Salem lebt in Deutschland, in einem Dorf. Seine Frau und seine fünf Kinder leben in Syrien, in einem anderen Dorf. Dazwischen liegen 3000 politisch unüberwindbare Kilometer. Deshalb ist seine Familie noch immer in Lebensgefahr. Bis er sie holen kann. *Inschallah.* So Gott will. Es wäre das Lebensglück.

Arbeit

Büro das, -s مكتب

Chef der, -s مدير

Chefin die, -nen مديرة

Job der, -s عمل

Kenntnisse (Pl.) المعرفة

Maschine die, -n آلة

Meister der, - رئيس

Meisterin die, -nen رئيسة

Stelle die, -n موقع

Ortsangaben

Berg der, -e

in den Bergen

BEGRIFFLICHE ERLÄUTERUNGEN & HINTERGRUNDWISSEN

BILDUNGSSYSTEM

Universität

Der Campus der Universität in al-Hasaka ist Teil der al-Furat-Universität in der Stadt Deir ez-Zor. Die al-Furat-Universität wurde 2006 als zweitjüngste von sieben staatlichen Universitäten in Syrien gegründet. Zu ihren Fakultäten zählen unter anderem Landwirtschaft, Naturwissenschaften, Künste, Sozialwissenschaft, Recht und petrochemische Ingenieurwissenschaften.

Die ältesten Universitäten in Syrien sind jene in Damaskus (1923) und Aleppo (1958).

Neben den sieben staatlichen Universitäten wurden nach der Jahrtausendwende 16 weitere private Hochschulen im Land gegründet. Das ist ein Ergebnis der anfänglichen Reformen unter Baschar al-Assad.

Alle Hochschulen unterstehen dem syrischen Ministerium für Hochschulwesen, das Bildungsministerium verfasst und kontrolliert sämtliche Lehrpläne und Prüfungen.

Voraussetzung für den Zugang zum Studium ist nach zwölfjähriger Schulzeit der Erwerb eines »Baccalaureate Diploma« in einem literarisch-geisteswissenschaftlichen oder mathematisch-naturwissenschaftlichen Zweig einer dreijährigen »Oberstufe« (→ Schulsystem).

Schulsystem

Das syrische Schulsystem ist zentralisiert. 98 Prozent aller Schulen sind staatlich. Schulpflicht besteht für neun Jahre: Auf eine sechsjährige Primarschule folgen drei Jahre an einer weiterführenden Schule, einer Art Mittelstufe, die mit dem Zeugnis über die allgemeine Mittelschulbildung (*Basic Education Certificate*, umgangssprachlich »At-tasia«, »das Neunte«, genannt) abschließt. Dem folgt, bei entsprechenden Noten, eine dreiklassige »Oberstufe« an der Sekundarschule, bei der man entweder einen mathematisch-naturwissenschaftlichen Zweig wählen kann oder einen literarisch-geisteswissenschaftlichen. Ein erfolgreicher Abschluss (*General Secondary Education Certificate*) ist die Voraussetzung für ein Hochschulstudium. Für den Zugang zur Universität gibt es eine Art Numerus clausus. Schüler ohne Hochschulzugang können mit dem Abschluss verschiedene andere Ausbildungseinrichtungen und Programme besuchen, die in etwa der Ausbildung an einer Berufsschule entsprechen (→ Universität).

Das starke Bevölkerungswachstum führt dazu, dass staatliche Schulen zuweilen überfüllt sind. In diesen Fällen hilft man sich mit Schichtunterricht. Zudem gibt es nicht genügend ausgebildete Lehrkräfte. Im Rahmen von Reformen hat man nach 2003 versucht, dieser Entwicklung entgegenzusteuern.

Das Tragen von Schuluniformen ist Pflicht. Sie glichen bis zu den Reformen militärischen Uniformen. Es wurde auf dem Schulhof auch exerziert. Inzwischen sind Schuluniformen nicht mehr khakifarben, sondern blau.

KULTUR

Sprachen

Die Amtssprache des Landes ist Hocharabisch. Sie wird von der großen Mehrheit der Bevölkerung gesprochen. Daneben gibt es regionale Dialekte und das »syrische Arabisch«. Es ist eng mit dem libanesischen, dem jordanischen und dem palästinensischen Arabisch verwandt. Letzteres sprechen die vielen palästinensischen Flüchtlinge im Land.

Ferner werden in Syrien auch die Sprachen nationaler Minderheiten gesprochen: Syrisch etwa von den Aramäern und Assyrern, Armenisch von den nach Syrien geflüchteten Armeniern sowie diverse kurdische Dialekte. In der Kleinstadt Maalula und zwei weiteren Orten am Osthang des Qalamun-Gebirges spricht man noch Aramäisch.

Französisch hatte aufgrund der Mandatszeit lange eine besondere Stellung. Wie überall setzt sich jedoch auch in Syrien Englisch als wichtigste Fremdsprache durch. Inzwischen lernen die meisten Schüler Englisch (seit 2003).

Weltkulturerbe

Sechs syrische Stätten stehen zurzeit auf der »World Heritage List« der UNESCO. Es sind die Altstädte von Aleppo (mit der Zitadelle), Damaskus und Bosra, einer Stadt im Süden Syriens mit zahlreichen antiken römischen Bauwerken, dazu das antike Palmyra sowie die Kreuzfahrerburg Krak des Chevaliers und die auf das Byzantinische Reich zurückgehende Festung Qal'at Salah El-Din, die Sultan Saladin 1187 eroberte. Schließlich die antiken Dörfer im Norden Syriens, die auch »die Toten Städte« genannt werden. Es sind die Ruinen von einst 700 antiken Dörfern aus der römischen und christlich-frühbyzantinischen Zeit. Alle diese Stätten gelten entweder als gefährdet oder sind im Bürgerkrieg weitgehend zerstört worden.

Umayyaden-Moschee

Das Bauwerk im Zentrum von Damaskus gilt als eines der besonderen islamischen Bauwerke, das erkennbar römische wie byzantinische Wurzeln hat. Zunächst wurde auf einem Jupiter-Heiligtum die Kirche des hl. Johannes des Täufers erbaut. Nach der Eroberung von Damaskus durch die Araber 638 nutzten Christen und Muslime die einstige Kirche ein Menschenalter lang gemeinsam. Die Basilika wurde erst 715 in die heutige Moschee umgebaut, vermutlich mithilfe byzantinischer Baumeister, die den dreischiffigen Raum beibehielten, der durch rhythmische, geradezu schwebende Säulenreihen gegliedert ist, was ihm eine wunderbare Leichtigkeit verleiht. In der Mitte des Raumes leuchtet aus einem kleinen renaissanceartigen Tempel grünes Licht: Er birgt angeblich eine kostbare Reliquie, das Haupt Johannes' des Täufers. So ist die Umayyaden-Moschee ein gemeinsames Pilgerziel von Christen wie Muslimen.

In einem weiteren Gebäude, das zu der Moschee gehört, verehren an einem Schrein Schiiten den Kopf al-Husains, des Enkels Mohammeds (→ Sunniten und Schiiten).

RELIGION

Stellung der Christen

Die syrische Verfassung garantiert nominell die Religionsfreiheit, das Amt des Staatspräsidenten ist jedoch ausschließlich Muslimen vorbehalten. Christliche Kirchen sind anerkannt, der gesellschaftliche Druck auf sie ist geringer als früher.

Seit den späten 1960er-Jahren wuchs die Bedeutung des konservativen, strenger ausgelegten Islam in der Bevölkerung, zunächst durch die syrischen Muslimbrüder, später auch durch fundamentalistische Bewegungen aus Saudi-Arabien.

Zahlreiche Christen wanderten deshalb aus. Noch in der ersten Hälfte des 20. Jahrhunderts waren knapp 30 Prozent der Bevölkerung Christen. Das hat sich dramatisch geändert. Seit dem Bürgerkrieg in Syrien 2011 haben schätzungsweise eine halbe Million syrische Christen das Land verlassen müssen. Wer bleibt, ist oft dem Terror und Morden nicht nur der islamischen Fundamentalisten ausgesetzt. Als Minderheit sind die Christen zwischen die Fronten der Konfliktparteien geraten. Seit Beginn des Konflikts versucht die Assad-Regierung, sie als Partei zu vereinnahmen. Tatsächlich unterstützten die meisten Christen die Protestbewegung von 2011 kaum, obwohl sie anfänglich die Forderung nach Demokratie begrüßten. Viele syrische Christen sahen und sehen in der herrschenden Regierung den einzigen Schutz vor dem »Islamischen Staat« und anderen islamistischen Gruppen.

Alawiten

Die Alawiten sind eine Glaubensgemeinschaft, die auf den schiitischen Theologen Mohammed Ibn Nusair (9. Jahrhundert) zurückgeht. Ein älterer Name lautet deshalb »Nusairier«. Sie gehören im weitesten Sinn zum schiitischen Spektrum des Islam, haben aber seit der Entstehung eine eigene Theologie entwickelt. Da die Alawiten die Geheimnisse ihrer Religion nur Eingeweihten anvertrauen, weiß man nicht viel über ihren Glauben. Ali Ibn Abi Talib, der Vetter, Schwiegersohn und Nachfolger Mohammeds (→ Sunniten und Schiiten), gilt ihnen als Mensch gewordene Erscheinungsform Gottes. Damit stünde Ali höher als Mohammed, was in den Augen zumindest der sunnitischen Muslime ebenso verwerflich ist wie der Glaube an die Wiedergeburt der Seele. Als Ketzer ausgegrenzt, zogen sich die Alawiten jahrhundertelang in unzugängliche Bergregionen zurück, etwa im Nordwesten Syriens. Erst die Franzosen haben als Mandatsmacht in Syrien die Alawiten gefördert und ihnen sogar von 1922 bis 1937 einen eigenen Staat in ihrem Siedlungsgebiet zuerkannt (→ Syrien im 20. Jahrhundert). Frankreich erhoffte sich mit der Aufteilung Syriens in Minderheitsgebiete eine Schwächung des syrischen Nationalismus.

In dem 1946 unabhängig gewordenen Syrien hatten die Alawiten zunächst nur in der Armee ein gewisses Gewicht, weil ihnen meist das Geld fehlte, um sich vom Militärdienst freizukaufen. Sie traten erst durch die Machtübernahme der Baath-Partei in Erscheinung, weil viele von ihnen in der militärischen wie zivilen Führungsebene saßen. Das hat sich unter den Assad-Regierungen weiter fortgesetzt. 2011 waren 80 Prozent der Offiziere in der Armee Alawiten.

Drusen

Die Drusen – arabisch »Duruz« genannt, auch Madhhab at-Tauhīd (»Lehrrichtung der göttlichen Einheit«) – bilden eine in sich abgeschlossene Gemeinschaft und leben in bestimmten Siedlungsgebieten im Libanon, in Israel und Jordanien, vor allem aber in Syrien. Sie machen etwa drei Prozent der syrischen Bevölkerung aus und zählen zu den vielen Minderheiten im Land (→ Minderheiten). Ihre Religion oder Lehre, mit deren Einzelheiten nur Eingeweihte vertraut sind, entwickelte sich aus dem schiitischen Islam zu einer eigenen Religion. Sie soll auf zwei Lehrer zurückgehen, die zu Beginn des zweiten Jahrtausends in Arabien wirkten. Einer der beiden, Darazi, behauptete später die »Göttlichkeit« des schiitischen Kalifen Al-Hakim, der in Kairo bis 1021 regierte, ehe er spurlos verschwand. Die Drusen glauben, ähnlich wie die Alawiten, an die Wiedergeburt der Seele als Reinigungsweg und daran, dass Gott sich in besonderen Menschen verkörpert. Elemente der platonischen wie neuplatonischen Philosophie spielen dabei eine besondere Rolle. In vielem erinnert die Lehre an den Buddhismus. Da die Drusen zudem das tägliche rituelle Gebet ebenso ablehnen wie den Fastenmonat Ramadan und die Wallfahrt nach Mekka, gelten sie vor allem bei vielen sunnitischen Muslimen als Ketzer und waren durch alle Jahrhunderte bis heute Verfolgungen ausgesetzt.

In den 1920er-Jahren richtete die französische Mandatsverwaltung im Hauran-Gebiet im Südwesten Syriens mit dem Drusenstaat vorübergehend einen autonomen Teilstaat ein, um den syrischen Widerstand gegen die Kolonialherrschaft zu zersplittern. Das Hauptsiedlungsgebiet der Drusen liegt um den Dschebel ad-Duruz im Südwesten Syriens. Suweida ist die Bezirkshauptstadt dieses vor allem landwirtschaftlich genutzten Gebiets.

Jesiden

Die Jesiden werden in Syrien meist den Kurden zugerechnet. Diese religiöse Minderheit aus einigen Tausend Mitgliedern lebt in den Bergen zwischen Aleppo und Afrin und in Dörfern um Amude und Qamischli im äußersten Nordosten des Landes.

Juden

Die wenigen noch in Syrien verbliebenen Juden leben in Aleppo und Damaskus. 1943 wurde ihre Zahl auf 43000 geschätzt, im Jahr 1978 noch auf etwa 4500, heute sind es kaum 100. In der Sprache und in der Kleidung unterscheiden sich die jüdischen Syrer nicht von den Muslimen. Die meisten Juden wurden nach Israel vertrieben, andere flohen später über den Umweg Beirut. Es gab immer wieder Ausschreitungen gegen die jüdische Minderheit, so etwa das Pogrom von Aleppo im Jahr 1947. Die Juden wurden in Syrien zunehmend diskriminiert, unter Hafis al-Assad unterdrückt und ausgegrenzt, vom öffentlichen Leben ausgeschlossen und mussten besonders gekennzeichnete Ausweise mit sich tragen.

MINDERHEITEN

Ethnien

Offizielle Statistiken über die zahlenmäßige Verteilung der religiösen und ethnischen Gruppen in Syrien gibt es nicht. Die Angaben im Folgenden stellen daher lediglich Annäherungswerte dar, die bis 2011 gegolten haben.

Neben der arabischen Mehrheit leben Kurden, Armenier, Turkmenen, Tscherkessen, Aramäer und Assyrer in Syrien. Die größte Minderheitengruppe sind die Kurden, die eine eigene, indogermanische und mit dem Persischen verwandte Sprache sprechen. Die Kurden sind vor allem im Norden und Nordosten des Landes in Städten wie al-Hasaka, Qamischli oder Dörfern wie Amuda oder Kurd Dagh (»Berg der Kurden«) zu Hause, außerdem in Damaskus und Aleppo. Die Zahl der Turkmenen wurde 2012 auf rund zwei Millionen geschätzt. Ebenso nahm man damals an, dass etwa eine Million Aramäer und Assyrer in al-Hasaka und in der Stadt und Region Maalula nordöstlich von Damaskus leben. Die meisten Armenier kamen Ende des 19. und Anfang des 20. Jahrhunderts als Flüchtlinge aus der Türkei. Sie leben heute, sofern sie nicht geflohen sind, hauptsächlich in Aleppo, in Damaskus und im Norden Syriens.

Religionen

Die Mehrheit mit vermutlich über 80 Prozent der syrischen Bevölkerung bilden die Muslime. Die meisten sind Sunniten. Außerdem gibt es Schiiten (→ Sunniten und Schiiten), Alawiten, Drusen (→ Alawiten; Drusen) sowie Ismailiten, deren Glauben auf dem schiitischen Islam fußt.

Die Syrer christlichen Glaubens machen schätzungsweise zehn bis zwölf Prozent der Bevölkerung aus und gehören zu vielen unterschiedlichen Konfessionen: Vertreten sind die griechisch-orthodoxe, die maronitische, die syrisch-orthodoxe und die syrisch-katholische, die melkitische und die griechisch-katholische Kirche. Außerdem gibt es die chaldäische, die assyrische, die armenisch-katholische und die armenisch-orthodoxe Kirche sowie mehrere protestantische Kirchen. Alle hier »katholisch« genannten Glaubensgemeinschaften gehören zur römischen Kirche. Zusätzlich zu den Muslimen und Christen lebt im Nordosten noch eine kleine Gemeinde von Jesiden (→ »Jesiden«).

ISLAM

Sunniten und Schiiten

Sunniten wie Schiiten sind Muslime, sprechen dasselbe Glaubensbekenntnis, sehen im Koran die Offenbarung Gottes, die, wie sie glauben, Mohammed, dem letzten Propheten, durch den Erzengel Gabriel, zuteilwurde. Sie halten dieselbe Fastenzeit, den Ramadan, ein, verrichten dieselben fünf Tagesgebete, geben nach derselben Regel Almosen und verrichten dieselbe Wallfahrt: Sie reisen nach Mekka.

Die Spaltung des Islam reicht weit zurück. Sie ist weniger theologisch begründet, sondern entwickelte sich aus einem Streit um die Nachfolge Mohammeds. Als er 632 nach Christus starb, war nicht geregelt, wer sein politisches wie religiöses Werk weiterführen solle. Die Entscheidung konnte nur zwischen Mohammeds Schwiegervater Abu Bakr und seinem Schwiegersohn Ali Ibn Abi Talib fallen. Nach einer Wahl wurde Abu Bakr diese Aufgabe übertragen. Diese Wahl allerdings fochten die Anhänger Alis an (»Schia« bedeutet Partei, hier: die Partei Alis). Trotzdem wurde Abu Bakr als »Khalifa«, als Stellvertreter, eingesetzt, der aber bald darauf starb. Die zwei Kalifen, die ihm folgten, wurden beide ermordet. Erst 24 Jahre nach Mohammeds Tod wählte man Ali. Diese Wahl wurde nun von der anderen Seite angefochten. Es kam zum Streit, der rasch zu einem Krieg eskalierte. Als Kalif Ali wenig später ebenfalls ermordet wurde, wären seine Söhne Hassan und Hussain, die Enkel Mohammeds, als Kalifen infrage gekommen. Stattdessen wurde der Statthalter in Surya, aus dem Klan der Umayyaden, zum fünften Kalifen gewählt. Er verlegte seine Residenz von Medina nach Damaskus.

Alis Sohn Hussain übernahm darauf nach dem Tod seines Bruders die Führung in einem Aufstand gegen die nun herrschende Kalifenlinie der Umayyaden, wurde aber 680 in der Schlacht von Kerbela von den Truppen des damaszenischen Kalifen getötet. Sein Grabmal befindet sich in einer Moschee in Kerbela, dem heutigen Irak, dem Imam-Hussain-Schrein. Sein abgetrennter Kopf soll in der Umayyaden-Moschee von Damaskus in einem Schrein liegen (→ Umayyaden-Moschee).

Der Bruch zwischen den Glaubensgemeinschaften war endgültig. Der Streit um die wahre Nachfolge Mohammeds zwischen Schiiten und Sunniten wird bis heute erbittert ausgetragen, weil er mit politischen wie religiösen Macht- und Einflussfragen im arabischen Raum verbunden ist. Heute sind etwa 15 Prozent aller Muslime Schiiten, die große Mehrheit sind also Sunniten (→ Sunna).

Sunna

Sunna ist ein nahezu unübersetzbarer Begriff, der zahlreiche Bedeutungen umfasst. So bezeichnet er historisch die Gesamtheit der Sitten, Bräuche, Werte und Normen der verschiedenen vorislamischen Stämme Arabiens. Er bezeichnet aber auch die zu befolgende »sunnat an-nabī«, die »Handlungsweise des Propheten«. In diesem Sinn wird die Sunna insbesondere in der islamischen Theologie zur Klärung komplexer Rechtsfragen herangezogen. So folgt die Sunna als Quelle islamischen Rechts und islamischer Theologie dem Koran. Er ist die erste und wichtigste Quelle. Die Sunna nimmt den zweiten Platz ein und bildet auch die maßgebliche Instanz in der »Umma«, der Gemeinschaft aller Muslime.

Scharia

Die Scharia ist das aus dem Koran und den überlieferten Weisungen Mohammeds entwickelte islamische Rechtssystem. Über die unterschiedlichen juristischen wie theologischen Ausprägungen und Auslegungen der Scharia herrscht zwischen den verschiedenen Schulen Uneinigkeit.

Feiertage

In Syrien gibt es sowohl staatliche als auch religiöse Feiertage. Grundlage für die staatlichen Feiertage ist dabei, wie in mittlerweile fast allen arabischen Ländern, die christliche Zeitrechnung, für die islamischen Feiertage die Hidschra-Zeitrechnung nach dem Mondkalender. Da das Mondjahr elf Tage kürzer ist als das Sonnenjahr, »wandern« die islamischen Feiertage jedes Jahr entsprechend nach vorn.

Ramadan

»Ramadan« ist der Name des neunten Monats im islamischen Mondkalender. Er dauert »von einer Mondsichel bis zur nächsten«, also 29 Tage. Er gilt als »Gottes Monat«. In ihm hat die erste Offenbarung des Korans stattgefunden. Diese sogenannte *lailat al-qadr* bedeutet den Einbruch des göttlichen Wortes in die Welt. Der Ramadan ist im Koran genau festgelegt, und das Fasten in diesem Monat ist eine Pflicht. Gefastet wird von Sonnenauf- bis Sonnenuntergang, weder Trinken noch Essen ist erlaubt. Erst wenn die Sonne vollständig gesunken ist, darf man, nach einem Gebet, dem sogenannten *iftar*, das meist üppige Mahl des Fastenbrechens feiern. Das Ende des Ramadans wird mit einem großen religiösen und weltlichen Fest begangen, dem *Īd al-Fitr*, das drei Tage dauert. Die Festtage werden genutzt, um die Verwandten und Bekannten zu besuchen. Dabei werden meist süße Gerichte gereicht und eine Menge Süßigkeiten verteilt und gegessen. Man bringt sich gegenseitig Geschenke und beschenkt oft auch Bedürftige.

Kalif und Kalifat

Kalifen werden im sunnitischen Islam (→ Sunniten und Schiiten) die gewählten und rechtmäßigen Nachfolger Mohammeds genannt, die als geistliche wie weltliche Autorität über ein »Kalifat« herrschten.

ARBEITSMIGRATION

Rund eine halbe Million Syrer leben als Arbeitsmigranten in Saudi-Arabien und den anderen Golfstaaten, die meisten seit Jahrzehnten. Etwa ebenso viele Menschen aus Syrien haben seit Mitte der 1980er-Jahre im Libanon ihr Geld verdient. Es handelt sich um Schätzungen. Genaue Angaben liegen mangels Statistiken nicht vor.

POLITIK UND BÜRGERKRIEG

Hinter der säkularen Fassade des Assad-Regimes verbirgt sich ein ausgeklügeltes System der Machtteilung, das religiöse, ethnische und soziale Aspekte zu seinem Vorteil nutzt. Um Widerstand aus den Reihen der Religionsgemeinschaften zu vermeiden, hat die Regierung mit den Vertretern dieser Gemeinschaften »stillschweigende Vereinbarungen« getroffen und deren Schicksal so mit dem des Regimes verknüpft. Gleichzeitig hat das Regime schon unter Hafis al-Assad daran gearbeitet, ethnische Minderheiten zu spalten, indem einzelne Gruppen oder einflussreiche Persönlichkeiten bevorzugt werden. Eine ähnliche Strategie verfolgte die Staatsmacht, um die politische Opposition und die Geschäftswelt zu spalten. Somit findet man in Syrien sowohl regimetreue als auch oppositionelle Linke, Rechte, Nationalisten, Christen, Drusen, Alawiten, Sunniten, Staatsangestellte und Geschäftsleute.

Klan

Der Begriff bezeichnet ursprünglich einen größeren Familienverband in Schottland. Inzwischen wird er auch als Sammelbegriff für traditionelle Familienverbände in anderen Gesellschaften verwendet, auch im arabischen Kulturraum. In Syrien kann ein traditioneller Familienverband mehrere Hundert Personen umfassen. Der bekannteste ist der Assad-Klan. Er umfasst die Familien Assad und Makhlouf, die als »Klanverband« das Land beherrschen. Da der Klan eine in sich weitgehend abgeschlossene Gemeinschaft bildet, bietet er gerade Minderheiten in autoritären Staatssystemen Schutz vor staatlicher Willkür. Der Klan birgt allerdings die Gefahr, dass sich mafiöse, unkontrollierbare Machtstrukturen entwickeln. Das Klansystem steht im Widerspruch zu einer offenen, pluralistischen und demokratisch verfassten Gesellschaft.

Baath-Partei

Ihr offizieller syrischer Name lautet »Hizb al-baʿth al-ʿarabī al-ischtirākī«, die »Sozialistische Partei der arabischen Wiedergeburt«. Sie geht zurück auf den aus einer christlichen Familie stammenden Syrer Michel Aflak, den sunnitischen Muslim Salah ad-Din al-Bitar sowie auf den Alawiten Zaki al-Arsuzi. Sie verbanden im Damaskus der 1940er-Jahre die gegen den Kolonialismus und Feudalismus gerichtete Idee einer panarabischen Vereinigung mit sozialistischen Elementen zu einem Konzept (→ Syrien im 20. Jahrhundert). Nach langen Diskussionen entstand daraus die Baath-Partei, die offiziell 1947 gegründet wurde. Sie propagierte die Idee der Einheit aller arabischen Länder, frei von allen Kolonialmächten und basierend auf einer neuen Gesellschaftsordnung. Dabei blieb offen, wie diese Ordnung aussehen würde. Sie bot eine säkulare Identität für ein Großarabien und sorgte zunächst für länderübergreifende Attraktivität: Baath-Parteien gründeten sich auch in anderen arabischen Staaten, wie im Nachbarland Irak. Gleichzeitig aber scheiterte die panarabische Vision an den religiösen wie ethnischen Widersprüchen und Bruchlinien etwa zwischen den islamischen und säkularen Staatsideen, zwischen Sunniten und Schiiten, Klanstrukturen und sozialistischen Vorstellungen von Gleichheit, Gemeineigentum und zentraler Planwirtschaft. Diese Modelle entstammten zudem der Ideenwelt einer westlich geprägten Moderne, die von vielen abgelehnt wurde. Dem Panarabismus der Baath-

Partei liefen auch die Unabhängigkeitsbestrebungen von Minderheiten entgegen, die sich gezwungen sahen, in den von den Kolonialherren willkürlich gezogenen Grenzen zu leben, oft, wie die Kurden, auf mehrere Staaten verteilt. Schließlich blieb es bei der bloßen Vision eines gemeinsamen Großarabiens wegen ständiger ideologischer und vor allem machtpolitischer Konflikte zwischen den Baath-Parteien der einzelnen Länder. Seit 1970 ist die syrische Baath-Partei ein Machtinstrument der Assad-Herrschaft, die sich Baschar al-Assad wie sein Vater Hafis zurechtgeformt haben.

Daesch, Islamischer Staat / »IS«

Daesch ist das arabische Akronym des Namens »Islamischer Staat im Irak und der Levante«, den sich die Terrororganisation, die sich 2006 im Irak gründete, selbst gegeben hat. Wer die Abkürzung »Daesch« verwendet, weist damit den Anspruch zurück, den die islamistischen Fundamentalisten selbst erheben: das einzig wahre und islamische Staatsgebilde im Sinne Mohammeds zu sein und damit weltweit für alle Muslime zu gelten. Entsprechend wurde 2014 die Gründung eines Kalifats verkündet. Ein möglicher Kalif wäre dann als Nachfolger des Propheten Mohammed der Befehlshaber aller Gläubigen und damit politisches und religiöses Oberhaupt aller Muslime (→ »Kalif und Kalifat«).

Daesch oder »IS« gilt als Terrororganisation, ihre Kämpfer sind folglich Terroristen. In den von ihnen beherrschten Gebieten haben sie staatsähnliche Strukturen installiert und befolgen eine besonders rigide Form der Scharia (→ Scharia).

Al-Nusra-Front

Die Organisation »Jabhat al-Nusrah li-Ahli ash-Scham« (»Unterstützungsfront für das syrische Volk«) ist eine Organisation, zu deren erklärten Zielen die Beseitigung des Assad-Regimes und die Errichtung eines am Salafismus orientierten sunnitischen islamischen Staates in Syrien gehört. Sie gilt als Ableger von Al-Qaida und als fundamentalistische Terrororganisation. Al-Nusra kämpft in wechselnden Bündnissen aufseiten der Assad-Gegner. Ende Juli 2016 hat sich die Al-Nusra-Front umbenannt in »Dschabhat Fatah asch-Scham« und ihre Trennung von Al-Qaida verkündet.

Freie Syrische Armee

Zur »Freien Syrischen Armee« (FSA) haben sich unterschiedliche syrische Gruppen zusammengeschlossen: Soldaten der regulären Armee, die sich gegen das Assad-Regime gestellt haben; syrische Zivilisten, die gegen die Regierung kämpfen; Kämpfer, die ihre jeweiligen Heimatorte verteidigen, und ausländische Bewaffnete, insbesondere aus dem Libanon. Die FSA kämpft in wechselnden Bündnissen, auch mit der Al-Nusra-Front (→ Al-Nusra-Front) und der kurdischen YPG (→ YPG).

YPG

Eine kurdische Miliz in Syrien, die als »bewaffneter Arm« der Partei der Demokratischen Union (PYD) gilt, was von der Partei bestritten wird. Die PYD wird als syrischer Vertreter der PKK angesehen. Auch dies bestreitet die PYD. Offiziell wurde die YPG 2012 gegründet. Angeblich hatten sich die Kurden mit der syrischen Regierung unter Assad damals auf ein »Stillhalteabkommen« verständigt. 2015 war es allerdings zu heftigen Gefechten zwischen dem syrischen Militär und der YPG im Nordosten Syriens gekommen. Die YPG koaliert taktisch mal mit Assad-Unterstützern, mal mit -Gegnern, darunter auch mit der FSA (→ Freie Syrische Armee).

Islamische Front

Unter diesem Namen haben sich 2013 eine Reihe religiöser lokaler oder nationaler Assad-Gegner zusammengeschlossen. Dazu zählen unter anderen die islamistische Ahrar al-Scham, eine freie Rebellenmiliz, die aus Idlib stammende Syrische Islamische Befreiungsfront, die At-Tauhid-Brigade in Aleppo und die in Damaskus operierende »Armee des Islam«. Weiter gehören eine in Homs beheimatete Rebellenbrigade, die »Kurdisch-Islamische Front« und die »Syrische Islamische Front« zu der Vereinigung. Ziel des Bündnisses sind der Sturz der Assad-Regierung und die Errichtung eines sunnitisch-islamischen Staates.

Hisbollah

Das Wort bedeutet eigentlich »Das Wort Gottes« – »Hizb-Allah«. Dieses »Wort Gottes« ist allerdings eine schwer bewaffnete Miliz der gleichnamigen schiitischen Partei im Libanon (→ Sunniten und Schiiten). Die Schiiten in Syriens Nachbarstaat waren lange eine arme und unterprivilegierte Minderheit. Die Miliz, die einer inoffiziellen Armee neben dem libanesischen Militär gleicht, entstand in den 1980er-Jahren aus dem Zusammenschluss von schiitisch-libanesischen Kämpfern und aus Kämpfern der Revolutionsgarden, die aus dem Iran über Syrien in den Libanon eingeschleust wurden. Die Hisbollah erklärte sich zum Feind Israels, mit dem es immer wieder bewaffnete Auseinandersetzungen gab. 2006 eskalierte die Feindschaft zu dem sogenannten Libanonkrieg zwischen der israelischen Armee und der Hisbollah, die dabei einen großen Teil ihres militärischen Geräts einbüßte. Längst ist die Hisbollah wieder aufgerüstet, denn die Schiitenmiliz bezieht Waffen, Geld und Nachschub in großem Umfang aus dem Iran, darunter Tausende von Raketen, in der erklärten Absicht, Israel bei passender Gelegenheit zu vernichten. Zudem kämpft sie an der Seite der Assad-Regierung in Syrien, weil die Wege für den Nachschub aus dem Iran durch syrisches Gebiet verlaufen. Nach Einschätzung der libanesischen Journalistin Hanin Ghaddar hat das, wie sie in einem Fernsehinterview mit n-tv im Jahr 2015 sagte, »nichts mit Freundschaft zum Assad-Regime zu tun.

Die Hisbollah schützt die Interessen des Iran in Syrien, (...) deshalb stellt die Hisbollah-Führung dem Assad-Regime seine Milizionäre zur Seite.«

Fassbombe

Eine Fassbombe ist einfach herzustellen. Sie besteht aus einem mit Sprengstoff, Benzin oder Heizöl und mit Metallteilen gefüllten Fass, das meist von einem Hubschrauber, aber auch von Flugzeugen aus abgeworfen wird. Fassbomben sind oft mit einem Aufschlagzünder versehen. Ihre zerstörerische Wirkung beruht auf der Kombination von Sprengstoff, dem brennenden Benzin oder Öl und der verheerenden Wirkung der Metallteile in dem Behälter. Human Rights Watch (HRW) bezeichnet den Einsatz von Fassbomben als »wahllos im Sinne des Kriegsrechts und damit unzulässig«.

Shabiha-Milizen

Der Begriff »Shabiha« bezeichnet bewaffnete Milizen, die nicht offiziell zu den Truppen des Regimes gehören, aber im Kampf gegen die Regimegegner eingesetzt werden. Derzeit wird ihre Stärke auf etwa 20 000 Mann geschätzt. Ihr Name leitet sich von dem arabischen Wort *schabh* für »Gespenst« ab. Ihre Wurzeln reichen zurück in die 1990er-Jahre, ihr Ursprung liegt in der Gegend von Latakia an der Mittelmeerküste. Damals war die Shabiha eine lose zusammengehörige Truppe, die mit Erpressung, Schmuggel, Drogenhandel, Auftragsmorden und Korruption ihr Geld verdiente. Ihr Vorgehen im syrischen Bürgerkrieg gilt als außerordentlich brutal. Übereinstimmenden Berichten aus unterschiedlichen Quellen zufolge morden, plündern, foltern und vergewaltigen die Kämpfer, sie erschießen Kinder und alte Menschen, setzen Häuser in Brand und verwüsten Geschäfte, Büros, Fabriken oder landwirtschaftliche Anwesen. Die Shabiha-Milizen richten auch jene Soldaten hin, die sich weigern, auf die eigenen Bürger zu schießen.

Wie groß der Einfluss des Staates auf die Shabiha ist, lässt sich nicht eindeutig feststellen. Doch werden seit jeher den bewaffneten Banden enge Verbindungen zum Assad-Klan nachgesagt. Zu ihren wichtigsten Männern gehören offenbar diverse Vettern Baschar al-Assads, darunter Hilal al-Assad, der, ehe er im Krieg bei einem Angriff starb, auch die »Nationalen Verteidigungskräfte« aufgebaut hatte. Zusätzlich hält sich Syriens Präsident Baschar al-Assad eine »Republikanische Garde«. Das ist eine Elitedivision, die gänzlich mit Alawiten besetzt ist. Inzwischen sind die Shabiha-Milizen offenbar formell dem Militär angegliedert worden.

Verhaftungen

Wie viele Menschen in Syrien seit Beginn des Bürgerkriegs verhaftet wurden, lässt sich mangels konkreter Zahlen nur schätzen. Sicher ist, dass es Hunderttausende sind. Die Verhaftungen geschehen willkürlich, an den ungezählten Checkpoints im Land, auf der Straße, in Cafés, in Wohnungen oder Büros. Oft werden ganze Familien und alle bei der Verhaftung Anwesenden mitgenommen. Nachweislich wird mit den Verhaftungen Geld von Angehörigen erpresst, die auf Nachricht oder gar Freilassung hoffen und für beides hohe Summen bezahlen müssen. Derlei »Geschäfte« mit den Behörden und ihren Vertretern sind inzwischen zu einem eigenen Wirtschaftszweig in Syrien herangewachsen.

Geheimdienst

Syrien ist ein Überwachungsstaat. Das Heer von Spitzeln und Mitarbeitern der Geheimen Staatspolizei ist allgegenwärtig. Das Assad-Regime hat vier konkurrierende Dienste aufgebaut, die unter dem Begriff »mukhabarat« zusammengefasst werden.

Der »Idarat al-Mukhabarat al-Amma« ist ein allgemeiner »Nachrichtendienst«, der dem Innenministerium unterstellt ist.

Der zweite Geheimdienst ist das »Amt für politische Sicherheit«, »Idarat al-Amn al-Siyasi«. Es ist verantwortlich für die Überwachung der politischen Opposition und der Dissidenten, die Überwachung der im Land befindlichen Ausländer sowie deren Beziehungen zu Syrern und die Überwachung nationaler und internationaler Medien. Zudem unterhält der Dienst eigene Gefängnisse für politische Gefangene. Der »Shu'bat al-Mukhabarat al-Askariyya« ist der Militärgeheimdienst, der unter anderem syrische Dissidenten im Ausland im Fokus hat und gerade unter Flüchtlingen gefürchtet ist. Schließlich der Luftwaffengeheimdienst, »Idarat al-Mukhabarat al-Jawiyya«, der von Hafis al-Assad auf- und ausgebaut wurde.

Die vier Geheimdienste arbeiten weitgehend unabhängig voneinander und jenseits internationaler Rechtsnormen. Einer groß angelegten Studie von HRW aus dem Jahr 2012 zufolge gibt es in Syrien nicht nur ein Netz von öffentlichen und geheimen Gefängnissen, sondern auch von »Verhörzentren«, »Fira« genannt, die als Folterzentren bekannt sind (→ Menschenrechte). Das Foltern von Menschen ist von den Geheimdiensten perfektioniert worden und unvorstellbar grausam.

Menschenrechte

Die Menschenrechte wurden schon unter dem diktatorischen Regime von Hafis al-Assad nicht beachtet. Oppositionelle verschwanden in den Gefängnissen des Landes, spurlos und ohne jedes Urteil. Das Regime reagierte auf Kritik mit Restriktionen, mit Verhaftungen und Folter. Zu Beginn der 1980er-Jahre wurden islamistische Häftlinge, die den Muslimbrüdern angehörten, zu Hunderten in den Gefängnissen erschossen. Nach der Amtsübernahme von Baschar al-Assad im Jahr 2000 schien die Lage sich etwas zu bessern. Der Sohn von Hafis leitete wirtschaftliche wie politische Reformen ein, die freilich kaum ein Jahr später wieder rückgängig gemacht wurden. Oppositionelle wurden in Schauprozessen verurteilt. 2010 stellte HRW fest: »Präsident Baschar al-Assad hat in seiner bislang zehnjährigen Amtszeit sein Versprechen nicht gehalten, die Freiheitsrechte zu stärken und die Menschenrechtsbilanz seiner Regierung zu verbessern.«

Spätestens mit dem Beginn der Unruhen im März 2011 und dem darauffolgenden Ausbruch des Bürgerkriegs werden die Menschenrechte in Syrien nicht mehr beachtet.

So hat HRW zum Beispiel nachgewiesen, dass die Assad-Regierung ganze Stadtviertel einreißt, um Bewohner zu bestrafen. Satellitenaufnahmen, Zeugenaussagen, Videos und Fotos belegen, dass die syrischen Behörden in den Jahren 2012 und 2013 Tausende Wohnhäuser in Damaskus und Hama vorsätzlich und widerrechtlich zerstört haben.

Nach einem Bericht der Organisation vom Dezember 2015 setzt die syrische Regierung systematisch und massenhaft Folter ein und begeht damit Verbrechen gegen die Menschlichkeit. Der gefürchtete syrische Sicherheitsdienst Mukhabarat kann bei völliger Straffreiheit illegale Verhaftungen durchführen und Inhaftierte in dafür eingerichteten Zentren überall im Land foltern (→ Geheimdienst).

Die Untersuchung basiert auf einer Sammlung von etwa 28000 Fotos, die ein syrischer Militärfotograf mit dem Pseudonym »Caesar« aus Syrien geschmuggelt hatte. Die Bilder zeigen Menschen, die zwischen Mai 2011 und August 2013 von der syrischen Regierung verhaftet wurden. Davon, so HRW, seien knapp 7000 gefoltert, misshandelt oder getötet worden.

Amnesty International stellte Ende 2015 fest, dass das Assad-Regime in Syrien seit 2011 mehr als 65000 Menschen verschleppt hat. Die Organisation dokumentierte auch zahlreiche Massenhinrichtungen von Zivilisten während des Bürgerkriegs in Syrien durch alle Kriegsparteien.

Genaue Zahlen der Opfer sind nicht zu ermitteln, selbst die Angaben der Kriegsopfer allgemein schwankten zu Beginn des Jahres 2016 zwischen 250000 (UN-Angaben) und 470000 Toten (Angabe des Syrischen Zentrums für politische Forschung).

SYRIEN IM 20. JAHRHUNDERT EINE KURZE CHRONOLOGIE DER STAATSGESCHICHTE

1860 bis 1914

Das Land gehört als Provinz Surya seit 1517 fast ununterbrochen zum Osmanischen Reich. Nachdem es 1860, ausgehend von dem Gebiet des heutigen Libanon, zu Christen-Pogromen im ganzen Land kommt, erklärt sich Frankreich zur Schutzmacht der Christen. Die Regierung in Paris reklamiert das Gebiet des heutigen Syriens und des Libanon als Einflusszone. London beansprucht die Gebiete des heutigen Jordaniens, Iraks und vor allem Ägyptens.

1856 schließt das geschwächte Osmanische Reich nach dem Krimkrieg mit Russland in Paris einen Friedensvertrag, der die macht- wie wirtschaftspolitische Stellung Großbritanniens und Frankreichs in der Region stärkt.

1875 erklärt sich die Regierung in Konstantinopel bankrott.

1881 erfolgt eine Umschuldung: Ein Bankenkonsortium unter britischer und französischer Leitung wird als Schuldenverwalter eingesetzt. Der Preis dafür ist die Abhängigkeit des Osmanischen Reiches von europäischen, vor allem britischen und französischen Finanzmitteln. Insbesondere die arabischen Teile des Reiches sind von britischem und französischem Kapital abhängig.

1882 gelangt Ägypten, ehemals zum osmanischen Machtbereich gehörig, unter britische Oberhoheit. Auf Druck Frankreichs wird außerdem der Libanon zur autonomen Provinz unter dem französischen Namen »Mont Liban« erklärt. Es ist der erste Schritt auf dem Weg hin zu einem selbstständigen Staat, dem Libanon, einem Fernziel der französischen Politik.

1883 übernimmt ein französisches Privatunternehmen das syrische Tabakmonopol, und die Seidengewin-

nung im Land geht in die Hand französischer Firmen über. Sie verschiffen den kostbaren Stoff nach Südfrankreich, um die Seide dort zu verarbeiten. Trotzdem bleibt Surya bis auf Weiteres Teil des Osmanischen Reiches.

1914 schließt das Osmanische Reich ein Geheimbündnis mit Deutschland. Konstantinopel hofft, sich damit von der französischen und britischen Vorherrschaft zu befreien und verlorene Gebiete zurückzugewinnen. Im Ersten Weltkrieg wird die Provinz Surya zum strategisch wichtigen Gebiet für die osmanisch-deutschen Truppen. Geplant ist, von da aus den Suezkanal militärisch in die Hand zu bekommen. Deshalb werden alle Bestrebungen seitens der Araber, einen eigenen arabischen Staat zu schaffen, mit Gewalt von osmanischen Truppen unterdrückt, auch und vor allem in Surya.

1915 sichern sich der britische Hochkommissar von Kairo, Henry MacMahon, und der Emir von Mekka, Sherif Hussein, in einem Briefwechsel gegenseitige Unterstützung zu: militärische Hilfe durch die Araber gegen die osmanisch-deutschen Truppen; im Gegenzug soll ein unabhängiger arabischer Staat entstehen.

1916 beginnt Hussein daraufhin einen Aufstand gegen die Osmanen und erklärt sich zum »König von Arabien«. Die Briten sichern ihm die arabischen Gebiete südlich des 37. Breitengrades zu. Mithilfe des britischen Offiziers T. E. Lawrence (»Lawrence of Arabia«) schwächen die Araber, die von Emir Faisal angeführt werden, zunehmend die osmanische Herrschaft in Arabien. Allerdings haben sich Großbritannien und Frankreich schon vorher, im Mai 1916, mit einem Geheimabkommen (Sykes-Picot-Abkommen) geeinigt, die ehemalige Provinz Surya aufzuteilen: Der Irak (Mesopotamien), Transjordanien und Nordpalästina werden britisches Interessengebiet. Syrien, Libanon und ein Teil des noch zu schaffenden Kurdistans fallen in den französischen Interessenbereich. Damit können die beiden europäischen Mächte laut Abkommen die »Verwaltung nach eigenem Ermessen und im Einvernehmen mit einem arabischen Staat oder einer Konföderation arabischer Staaten ein[zu]setzen«. Emir Hussein soll nun »König des Hedschas« werden, also des westlichen Saudi-Arabiens, und der südwestliche Teil Palästinas soll neutral werden.

1917 erklärt die Regierung in London in der Balfour-Deklaration außerdem, dass Palästina als »Heimstätte für das jüdische Volk in Palästina« vorgesehen ist.

1918 erobern arabisch-britische Verbände das bis dahin noch osmanische Damaskus. Es wird eine provisorische Regierung eingesetzt.

1919 zu Jahresbeginn einigen sich auf der Pariser Friedenskonferenz, die die Machtverhältnisse nach dem Ersten Weltkrieg neu ordnen soll, die arabische Delegation unter Emir Faisal und die jüdisch-zionistische Delegation unter Chaim Weizmann auf ein Abkommen. Das allerdings tritt nie in Kraft. Vorgesehen war, dass das Faisal-Weizmann-Abkommen die Staatsgrenzen für das angestrebte arabische Königreich und den gemäß der Balfour-Deklaration geplanten jüdischen Staat einvernehmlich festlegt. Die Araber stimmten damit der Herauslösung Palästinas aus dem arabischen Königreich und der Existenz eines jüdisch-zionistischen Staates grundsätzlich zu.
Im Abkommen wird die gemeinsame Abstammung der Juden und Araber Palästinas betont. Auch legt es die Religionsfreiheit und den freien Zugang der Muslime zu den heiligen islamischen Stätten in Palästina fest. Mögliche Konflikte soll Großbritannien regeln.
Im Schlusssatz des Abkommens macht Faisal dessen Wirksamkeit allerdings von einem autonomen arabischen Staat abhängig, zu jenen Bedingungen, wie sie in dem Memorandum verzeichnet sind, »das ich am 4. Januar 1919 an den britischen Staatssekretär im Außenministerium sandte. Wenn die Bedingungen jedoch auch nur der leichtesten Veränderung unterzogen würden, wäre ich mit keinem Wort mehr an den dann null und nichtigen Vertrag gebunden und zu seiner Einhaltung nicht mehr verpflichtet«. Diese Bedingungen werden nie erfüllt, weil die arabischen Gebiete längst zwischen Frankreich und Großbritannien aufgeteilt sind.

1920 wählt zwar der Allgemeine Syrische Kongress Faisal zum König, doch überträgt der Völkerbund Frankreich das Mandat über Syrien. Am 25. Juli ziehen französische Truppen in Damaskus ein, König Faisal I. emigriert nach Palästina. Der Vertrag von Sèvres – Teil der Versailler Verträge, die den Ersten Weltkrieg formal beenden – bestätigt die Machtverhältnisse ganz im Sinn des französisch-britischen Geheimabkommens von 1916. Entsprechend verzichtet das Osmanische Reich auf Surya und Mesopotamien. In diesen Gebieten sollen Mandate des Völkerbunds errichtet werden. Unter Verweis auf die Balfour-Deklaration wird dem »jüdischen Volk« mit Palästina eine »nationale Heimstatt« zugesagt. Großbritannien erhält als Völkerbundmandat Mesopotamien, also das »Königreich Irak«, und Palästina, Frankreich erhält Syrien und den Libanon als Mandatsmacht. In Syrien kommt es von Beginn an immer wieder zu antikolonialistischen Aufständen gegen die französische Besatzung. Sie werden blutig niedergeschlagen.

1921 wird Faisal König des britischen Mandatsgebiets Irak. Mit Genehmigung der französischen Kolonialmacht im nordwestlichen Küstengebirge Syriens entsteht ein eigenes alawitisches Territorium.

1922 wird dieser alawitische Staat Teil des französischen Völkerbundmandats. Paris teilt Syrien in mehrere Kleinstaaten auf, die die Mandatsmacht zu einer »Syrischen Föderation« zusammenfasst. Schon 1923 spaltet sich der alawitische Teil von der Syrischen Föderation ab und wird ein Jahr später zum separaten Staat mit der Hafenstadt Latakia als Hauptstadt, der sich den Namen »État des Alaouites« gibt. Er besteht 13 Jahre.

1925 bombardiert die französische Armee wegen antifranzösischer Aufstände die Stadt Damaskus und geht mit größter Härte gegen Demonstranten vor. Bereits 1936/37 wird der Alawitenstaat wieder in die Republik Syrien eingegliedert.

1939 wird das nordwestlichste Gebiet Syrias, Sandschak Alexandrette, also das Gebiet um das heutige Antakya und Iskenderun, von den Franzosen an die Türken übereignet und ist seitdem türkisches Hoheitsgebiet. »Hatay«, wie diese Region auf Türkisch genannt wird, sorgt bis heute immer wieder für erhebliche Spannungen zwischen der Türkei und Syrien, das diese willkürliche Grenzziehung niemals anerkannt hat.

1940 gehört Syrien zu Vichy-Frankreich, das mit dem »Deutschen Reich« kooperiert.

1941 besetzen Truppen Großbritanniens und des »Freien Frankreichs« unter General de Gaulle Syrien. De Gaulle erklärt angesichts nicht enden wollender Forderungen nach Freiheit und der Beendigung des Kolonialismus Syrien im September inoffiziell für unabhängig.

1943 finden die ersten Parlamentswahlen statt, die der Nationale Block, die Partei des Widerstands gegen die Kolonialherrschaft, gewinnt. Ende Dezember unterzeichnen die Franzosen mit der neuen syrischen Regierung ein Abkommen zur Unabhängigkeit.

1944, am 1. Januar, wird Syrien nach Recht und Gesetz unabhängig, und das Parlament verabschiedet eine Verfassung. Die französischen Soldaten bleiben aber im Land, de facto als Besatzungsmacht.

1945 tritt Syrien den Vereinten Nationen bei und wird Mitglied der Arabischen Liga. Trotzdem ziehen die französischen Truppen nicht ab. Es kommt einmal mehr zu blutigen Zusammenstößen zwischen Soldaten aus Frankreich und syrischen Demonstranten. Schließlich bombardieren französische Flugzeuge wie schon 1925 Damaskus, was zu einer britischen Intervention führt. In der Folge verlassen die französischen Truppen Syrien.

1946 wird am 17. April offiziell die Syrische Republik ausgerufen.

1948 greifen am 14. Mai, unmittelbar nach der Unabhängigkeitserklärung des Staates Israel, Truppenverbände aus Ägypten, dem Libanon, Jordanien, dem Irak und Syrien den neuen jüdischen Staat an. Ziel der arabischen Allianz, die den UN-Teilungsplan für Palästina nicht akzeptiert und damit das Existenzrecht Israels bestreitet, ist die Zerstörung des gerade entstehenden Staates Israel. Der erste Nahostkrieg, den Syrien zusammen mit der Allianz verliert – wie auch alle weiteren Kriege mit Israel. Mehr als eine halbe Million palästinensischer Flüchtlinge müssen in die Nachbarstaaten, Hunderttausende Juden aus den arabischen Staaten fliehen, die meisten nach Israel. In Syrien entstehen große palästinensische Flüchtlingslager.

1949 putscht das syrische Militär und errichtet eine Diktatur, die einige Jahre später zugunsten einer neuen Regierung gestürzt wird. Diese Instabilität begleitet das Land von Anfang an genauso wie die Auseinandersetzungen zwischen Anhängern einer säkularen Staatsidee und orthodoxen Muslimen. So, wie auch Konflikte schwelen zwischen den Befürwortern der panarabischen Bewegung und der eines Großsyriens, die immer wieder ausbrechen. Außerdem kommt es zu Auseinandersetzungen zwischen den vielen unterschiedlichen ethnischen und religiösen Gruppen in Syrien. Auch Familienklans konkurrieren untereinander, was immer wieder zu Verwerfungen führt.

1956 verlieren Syrien und seine arabischen Verbündeten den zweiten Nahostkrieg (Suezkrieg) mit Israel.

1958 putschen arabische Nationalisten im Irak, König Faisal II. wird ermordet. Das bedeutet das Ende der Monarchie im Nachbarstaat. Im selben Jahr schließen

sich Syrien und Ägypten zur Vereinigten Arabischen Republik zusammen. Schon 1961 verlässt Syrien nach einem Militärputsch die Union, weil es sich von Ägypten bevormundet fühlt.

1963 folgt der nächste Putsch. Die 1947 gegründete Baath-Partei übernimmt gewaltsam die Macht in Damaskus. Baath bedeutet »Wiedergeburt«. Gemeint ist in den frühen Jahren die Idee der Einheit einer arabischen Nation, wie sie einst zu Beginn des Islam existiert haben soll, verbunden mit der Freiheit von kolonialen Mächten und der Idee eines eigenen arabischen Sozialismus.

1966 putscht das Militär erneut. Es ist in 17 Jahren der neunte Umsturz und wie fast immer erfolgt er blutig. Statt eines Großarabiens ist nun ein Großsyrien das Ziel, während im Nachbarland Irak die auch dort herrschende Baath-Partei nach wie vor ein Großarabien favorisiert. Darüber kommt es zum heftigen Streit.

1967 verliert Syrien als Teil einer arabischen Allianz den nächsten Krieg gegen Israel (Sechstagekrieg) und zugleich die strategisch wichtigen Golanhöhen. Der Krieg führt zu Zehntausenden weiteren Flüchtlingen, die den syrischen Staat ökonomisch belasten. Verteidigungsminister Hafis al-Assad, seit 20 Jahren Mitglied der herrschenden Baath-Partei, übersteht die erneute Niederlage Syriens unbeschadet.

1970 putscht Hafis al-Assad sich an die Macht. Im Rahmen dieses offiziell als »Korrekturbewegung« bezeichneten Umsturzes lässt al-Assad seine Konkurrenten inhaftieren und bildet eine provisorische Regierung. Zudem wird er Generalsekretär der staatstragenden Baath-Partei. Der Putsch – es ist der zehnte seit 1948 – wird vor allem von Alawiten getragen, zu denen auch Hafis al-Assad gehört. Sie bilden die Mehrheit im Offizierskorps des Militärs. Der neue Machthaber kann sich zudem auf Mitglieder seines eigenen Stammes, der Matawirah, verlassen, die den sogenannten »Volksrat« dominieren.

1971 ernennt der Volksrat Hafis al-Assad mit 99,2 Prozent der Stimmen offiziell zum Staatspräsidenten. Assad, ausgebildet zum Luftwaffenpiloten – unter anderem in der Sowjetunion –, wendet sich an die UdSSR, die mit dem Syrien der »sozialistischen« Baath-Partei befreundet ist, um das Land nach der Niederlage mit umfassender sowjetischer Militärhilfe wieder aufzurüsten. »Ideologisch werde ich die Russen hier niemals Fuß fassen lassen. Ihre Hilfe nehme ich, solange sie uns nützt«, zitiert »Der Spiegel« 1972 Syriens Präsidenten. Moskau allerdings hat damit einen Brückenkopf im Nahen Osten und muss in politischen Fragen vom Westen einbezogen werden.

1973 lässt Hafis al-Assad eine Verfassung ausarbeiten, die seinen Vorstellungen entspricht. Danach soll Syrien sich künftig »Sozialistische Volksrepublik Syrien« nennen, was zumindest formal der Partnerschaft mit der UdSSR geschuldet ist. Auch sollen künftig Nicht-Muslime das Präsidentenamt bekleiden dürfen. Die hohe sunnitische Geistlichkeit ruft umgehend zum Widerstand auf, es kommt zu Unruhen in den Städten, besonders in Homs und Hamah, die als konservativ gelten. Das Militär und die Polizei schießen in die Menge, Assad verstärkt den Geheimdienst und die geheime Polizei, Sicherheitsdienst genannt, außerdem lässt er durch seinen Bruder Rifaat eine 25 000 Mann starke Alawitengarde aufstellen, die für »Ordnung« zu sorgen hat. Nicht wesentlich anders wird sein Sohn Baschar al-Assad rund 40 Jahre später angesichts der Unruhen im Land handeln und damit 2011 den Bürgerkrieg auslösen. Unter dem Eindruck der Unruhen »entschärft« Hafis al-Assad seinen Verfassungsentwurf. Syrien nimmt »die Scharia« als Hauptquelle des Rechts in die Verfassung auf wie den Satz: »Die Religion des Präsidenten der Republik ist der Islam.«

Außerdem verliert Syrien in diesem Jahr den nächsten Krieg der arabischen Allianz mit Israel, der als Jom-Kippur-Krieg in die Geschichte eingeht, weil die arabischen Staaten am jüdischen Versöhnungstag, dem Jom Kippur, Israel angreifen. Einige Zeit nach dem Ende dieses Krieges erhält Syrien die Stadt Quneitra auf den Golanhöhen zurück. Für die Geisterstadt ist fortan die syrische Polizei unter Beobachtung der UNDOF (United Nations Disengagement Observer Force) zuständig. Das weitgehend zerstörte Militärarsenal Syriens rüstet Hafis al-Assad in den Jahren 1974 bis 1978 mit russischer wie westlicher Hilfe sowie mit Geldern aus Saudi-Arabien, den Golfstaaten und Libyen wieder auf und erneuert die ruinierte Infrastruktur des Landes.

1976 interveniert Syrien auf Ersuchen des libanesischen Staatspräsidenten Suleiman Frangieh im libanesischen Bürgerkrieg und stationiert mehr als 20 000 Soldaten. Syrien wird zur Ordnungsmacht im Nachbarland und übt damit bis heute großen Einfluss auf die libanesische Innenpolitik aus.

1978 führt es auch die sogenannte »Ablehnungsfront« gegen eine arabische Annäherung an Israel an, als Verhandlungen zwischen Ägypten und Israel in den USA (Camp David) stattfinden. Sie führen trotz des Widerstands der »Ablehnungsfront« ein Jahr später zu einem Friedensvertrag zwischen den beiden Ländern.

1980 vereinbaren Syrien und die UdSSR ein Abkommen. Es erlaubt der sowjetischen Seekriegsflotte die Nutzung der Marinebasis Tartus. Die syrischen Streitkräfte erhalten im Gegenzug aus der Sowjetunion moderne Waffen. In Syrien selbst kommt es immer wieder zu Zusammenstößen von orthodoxen Muslimen mit Assads Sicherheitskräften.

1982 eskalieren die Auseinandersetzungen, als »Glaubenskrieger« in der Stadt Hamah mit Gewalt gegen Funktionäre und Geheimdienstmitarbeiter vorgehen, woraufhin unter der Führung von Rifaat al-Assad, dem Bruder des Präsidenten, das Militär die Stadt einkesselt und die Bewohner der Altstadt tagelang bombardiert. Rund 30 000 Menschen sterben. Mit großer Brutalität verfährt die Staatsmacht auch mit den Menschen in Homs und Aleppo.

1985 wird Hafis al-Assad mit 99,97 Prozent der Stimmen zum dritten Mal wiedergewählt,

1991 mit 99,98 Prozent. Versuche einer Annäherung an Israel mit einer möglichen Rückgabe der Golanhöhen bleiben auch in den folgenden Jahren erfolglos.

1994 kommt Assads ältester Sohn Basil, der sein Nachfolger werden sollte, bei einem Autounfall ums Leben.

2000 stirbt Hafis al-Assad, sein Sohn Baschar al-Assad wird zum Nachfolger bestimmt, der sich als Reformer gibt, sich außenpolitisch und auch wirtschaftlich in alle Richtungen vorsichtig öffnet, unter anderem die Prinzipien der staatlichen Planwirtschaft lockert und kleinen Privatbetrieben mehr Entfaltungsmöglichkeiten zubilligt. Der junge Präsident verspricht Korruptionsbekämpfung, Wirtschaftsreformen, politischen Pluralismus und den Aufbau einer Zivilgesellschaft. Besonders die städtische Mittelschicht kann sich mit diesem Reformkurs identifizieren.

2006 vereinbart Baschar al-Assad mit dem russischen Präsidenten Wladimir Putin eine engere Zusammenarbeit, die auch Rüstungskäufe und Modernisierungen für die syrische Luftwaffe und Luftabwehr umfasst. Die von Russland genutzte Marinebasis Tartus wird modernisiert, außerdem werden Syrien die Schulden in Höhe von 13,4 Milliarden US-Dollar aus früheren Rüstungskäufen von der UdSSR erlassen.

Von 2003 bis 2007 nimmt Syrien etwa 1,2 bis 1,5 Millionen Menschen aus dem Irak auf, die vor Gewalt und Krieg geflüchtet sind.

Zwischen 2008 und 2011 kehren nach ersten Liberalisierungs- und Reformmaßnahmen Korruption und politische Unterdrückung zurück. Neue gesellschaftliche Strukturen, wie die zum ersten Mal erlaubten Nichtregierungsorganisationen, werden vom Geheimdienst unterlaufen und kontrolliert. Die neoliberal ausgerichtete Wirtschaftspolitik, verbunden mit einer auf den Assad-Klan konzentrierten Konzessionspraxis, begünstigt zum einen die mafiaartige Vernetzung zwischen Regime und privater Wirtschaft.

Zum anderen führt sie zusammen mit einem rasanten Bevölkerungswachstum, abnehmender Erdölförderung und mehreren Dürreperioden zur Verschlechterung der Lage vieler sozialer Schichten, vor allem der Agrarbevölkerung und der Arbeitnehmer mit mittleren und niedrigen Einkommen.

Im März 2011 gelten etwa 30 Prozent der Gesamtbevölkerung als arm, 2,5 Millionen Syrer leben unterhalb der Armutsgrenze. Außerdem hat sich die Zahl der Arbeitslosen unter den 15 Millionen Syrern, die jünger als 30 Jahre sind, vervielfacht, während die in Syrien traditionell starke Mittelschicht immer weiter geschrumpft ist. Das Kapital liegt in den Händen weniger Klans, die mit der Staatselite eng verbunden sind. Ihr Interesse ist der Fortbestand des korrupten politischen Systems und der Klientelwirtschaft.

Seit 2011 herrscht, ausgelöst durch Proteste und friedliche Demonstrationen im Zuge des Arabischen Frühlings im April 2011, Bürgerkrieg im Land. Die Demonstranten fordern vor allem die Achtung der Menschenwürde, mehr Freiheiten, Rechtsstaatlichkeit sowie soziale und wirtschaftliche Perspektiven. Die Assad-Regierung versucht, die Proteste mit militärischer Gewalt zu beenden. Polizei, Sicherheitsdienste, Milizen und das Militär gehen dabei mit großer Brutalität vor. Regierungsgegner beginnen daraufhin, sich im Lauf des Jahres zu bewaffnen und gegen die regulären Streitkräfte wie die Milizen Assads zu kämpfen. Soldaten der syrischen Armee, die nicht für Assad kämpfen wollen, gründen die »Freie Syrische Armee«. Sie sieht sich als bewaffneter Arm der syrischen Opposition, bildet aber ebenso wenig eine homogene Gruppe wie die Assad-Gegner in Syrien. Viele von ihnen verfolgen eigene Interessen und gründen eigene Milizen. So entstehen im Lauf der Jahre 2012 und 2013 zahlreiche weitere Widerstandsgruppen mit unterschiedlichen politischen oder religiösen Ideen und Ideologien. Der Bürgerkrieg wandelt sich zu einem sektiererischen, radikalisierten Krieg verschiedener Parteien auf syrischem Territorium, die sich in oft wechselnden Koalitionen gegenseitig bekämpfen. Der Kriegsverlauf wird zunehmend unüberschaubar, da nicht nur syrische Gruppierungen, sondern auch andere Staaten immer stärker Einfluss auf das Kriegsgeschehen nehmen. Sie wollen eigene Machtinteressen durchsetzen.

2013 etwa schließt sich die schiitische Hisbollah aus dem Libanon mit den Regierungstruppen Assads zusammen. Das geschieht vermutlich auf Weisung oder zumindest mit Unterstützung der iranischen Regierung, die auch Soldaten ihrer Revolutionsgarden in den Krieg schickt, um Assad zu unterstützen. Ziel ist die Aufrechterhaltung der Landverbindung von

den schiitischen Gebieten im Irak über Syrien bis hin zum Einflussbereich der schiitischen Hisbollah im Libanon. Saudi-Arabien, Katar und die Türkei möchten dagegen den Einfluss des Iran und der Schiiten in der Levante zurückdrängen. So unterstützt das saudische Königreich sunnitische Kämpfer in Syrien, fliegt aber zusammen mit den USA Bombenangriffe gegen die Kämpfer des »Islamischen Staats«. Die USA bombardieren im Rahmen ihres »Antiterroreinsatz« seit 2014 die Gebiete, die vom »IS« beherrscht sind. Ihre Flugzeuge starten unter anderem von Flughäfen in der Türkei. Die Türkei ihrerseits fürchtet einen Kurdenstaat im Norden Syriens, der an die kurdischen Gebiete im eigenen Land angrenzt, und versucht, ihn zu verhindern. Außerdem fliegt sie Luftangriffe auf Stellungen der kurdischen Arbeiterpartei PKK in Syrien.

2015 beginnt Russland, die Regierungstruppen Assads zu unterstützen. Russische Kampfflugzeuge bombardieren neben dem »IS« auch andere Oppositionsgruppen. Russland, durch einen Freundschaftsvertrag mit Syrien verbunden, hält am syrischen Regime fest, um seinen strategischen Zugang zum Mittelmeer nicht zu verlieren. Zudem sieht Putin eine Möglichkeit, seinen Großmachtstatus zu bekräftigen. Zum Jahreswechsel 2015/16 rücken regimetreue Kräfte aus dem Iran, dem Libanon und aus Afghanistan vor, die unter dem Schutz russischer Luftangriffe Gebiete nördlich von Aleppo erobern, die bisher von Kämpfern verschiedener Rebellengruppen gehalten wurden. Infolge des Krieges sind bis Ende 2015 vermutlich über 500 000 Menschen gestorben. Präzise Angaben gibt es nicht. Das gilt auch für die Zahl der Menschen, die Syrien verlassen haben: Es dürften rund fünf Millionen sein, die aus dem Land geflohen sind. Das ist etwa ein Viertel der syrischen Bevölkerung.

Euphrat in der Nähe von Dura Europos

Landschaft mit Olivenhainen nahe Homs

Palmyra mit der Fakhr-al-Din al-Maani Zitadelle
(UNESCO Weltkulturerbe)

Gestaltung und Produktion
Sieveking Verlag, München

Lektorat
Ute Heek, München
Philip Laubach-Kiani, Dohren bei Hamburg

© 2016 Sieveking Verlag, München und Autoren
© Enno Kapitza/Agentur Focus 2016,
Fotografien S. 19–160 sowie Umschlag oben

Erschienen im
Sieveking Verlag
Implerstraße 26
81371 München
www.sieveking-verlag.de

ISBN 978-3-944874-53-1

Printed in Germany

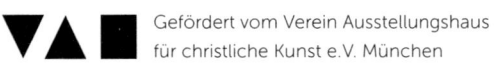 Gefördert vom Verein Ausstellungshaus
für christliche Kunst e.V. München